갈등의 정체성

현대 대만사회의 에스닉 상상

나남
nanam

나남신서 1311

갈등의 정체성

현대 대만사회의 에스닉 상상

2008년 10월 25일 발행
2008년 10월 25일 1쇄

저자_ 王甫昌
역자_ 池恩周
발행자_ 趙相浩
발행처_ (주) 나남
주소_ 413-756 경기도 파주시 교하읍
출판도시 518-4
전화_ (031) 955-4600 (代)
FAX_ (031) 955-4555
등록_ 제 1-71호(79.5.12)
홈페이지_ http://www.nanam.net
전자우편_ post@nanam.net

ISBN 978-89-300-8311-9
ISBN 978-89-300-8001-9 (세트)
책값은 뒤표지에 있습니다.

나남신서 · 1311

갈등의 정체성

현대 대만사회의 에스닉 상상

왕푸창 지음 | 지은주 옮김

나남
nanam

當代台灣社會的族群想像
Ethnic Imagination in Contemporary Taiwan

王甫昌

한국어판 서문

《갈등의 정체성: 현대 대만사회의 에스닉 상상》의 한국어판이 발행되는 2008년 대만에는 총통선거가 실시되었다. 이 책이 대만에서 중국어로 제2판이 출판되었던 2003년에는 대만의 한 주요 신문의 서평에서 이 책을 2004년 총통선거의 '선거도서' 중 하나로 선정하였다. 이 '에스닉'이라는 주제와 선거시의 '에스닉'의 대립과 충돌은 부정적 인지와 상황이 함께 연상이 되곤 했는데 이와 같은 배경 속에서 나는 그 해에 에스닉 문제에 대해 가진 정치적이고 사회적인 잘못된 사고를 바로잡기 위한 시도로서 이 논쟁적인 책을 집필하기로 결정하였다.

'에스닉'은 1980년대 이후 대만사회에서 유행하기 시작한 개념이며, 현재 대만사회에서 가장 많은 논쟁과 충돌을 일으키는 현상이면서도 동시에 가장 많은 오해를 낳기도 하는 개념이다. 그 중에서 가장 큰 오해는 '에스닉'을 전통사회에서의 지역성 혹은 귀속성과 연결된 잔여물로 보는 것이다. 또한 '에스닉'이 현재 대만정치에 현저한 영향을 미치고 작용하는 것을 정치인들이 자신의 정치적 이익을 위해서 조작해 낸 결과로 보는 것이다. 전자는 에스닉의 현대성을 간과하고 있으며,

후자는 에스닉 개념을 약세자가 차별대우와 압박에 대항하는 해방적 성격을 지닌 잠재력을 가지고 있다고 왜곡하기도 한다. 하나의 현대적인 공동체 분류개념으로서 '에스닉'은 통상적으로 압박과 차별을 받은 단체, 즉 약세 에스닉이 우세집단에 대해서 자신의 문화적인 특성으로 인해 불평등한 대우를 해서는 안된다는 것을 요구하는 것이며, 여기에서 응축된 정체성과 요구를 생산해낸다.

대만의 일반 민중들이 에스닉 현상에 대해서 가지고 있는 수많은 오해를 바로잡기 위해 이 책은 하나의 간단한 개념을 제시했다. 우리는 '에스닉'을 하나의 공동체 분류로 보았으며, 이상적인 에스닉 관계의 논술 혹은 개념으로 설정하였지, 에스닉을 경계가 분명히 구별되고, 구성원간의 문화적인 특성이 일치되는 단체로 보지 않았다. 바꾸어 말하면, 우리가 토론이 필요한 부분은 '에스닉 의식' 혹은 '에스닉 상상'이지 '에스닉 단체'가 아니다. 만약 에스닉을 '사회단체'라고 본다면 비교적 용이하게 '에스닉 단체'의 역사적인 기원과 문화적인 특질과 같은 그 '문화적 특성'(문화적 위치)에 주의를 기울이게 되어 더욱 중요한 현대 대만사회 에스닉의 '사회적 위치'의 특성을 간과하게 될 것이다. 일상적으로 다른 집단의 불평등한 사회적 위치는 상대적인 것이다. 이 책의 주요 목적은 대만사회에서 '에스닉 상상'의 특성, 함의 그리고 서로 다른 에스닉 상상이 출현하게 된 특수한 사회적, 역사적인 맥락을 규정하는 것이다.

2007년 3월 이 책의 한국어판 번역자인 지은주 박사가 대만에서 박사학위 논문을 위한 인터뷰를 하던 중 특별히 시간을 내 나를 면담하여 이 책을 번역하겠다는 구상을 말하였을 때, 나는 매우 놀라고 기뻐서 감동을 받았다. 그러나 한편으로는 매우 당황스러웠다. 내가 본래 예상하던 독자가 아닌 독자들이 책을 읽게 되는 것, 게다가 이 책이 과연 많은 한국 독자들이 읽을 만한 가치가 있는 책인가의 여부 때문이었다. 지은주 박사가 박사학위 논문을 완성하던 그 어려운 시기에 시간을 내어 이러한 작업을 해낸 열정은 나를 더욱 감동하게 만들었다. 그러나 한편으로는 이 책의 중국어판이 본래 한국 독자들을 염두에 두고 쓴 책이 아니었기 때문에 소재의 선택과 배경설명이 불충분하여 지은주 박사가 번역할 때 그리고 미래의 한국의 독자들이 이 책을 읽을 때 곤란하지는 않을지 염려스럽다.

그러나 이러한 가능성의 한계에도 불구하고, 나는 이 책이 단지 소개하는 책으로 머물지 않기를 바란다. 한국 독자들이 대만의 에스닉이라는 정치현상을 상당부분 이해하는 데 도움이 되는 것을 넘어, '에스닉'이라는 주제를 생각하고 이해하고자 할 때 문화적으로 그리고 지리적으로 상당히 인접한 데에서 오는 (대만)사회의 경험이 자극이 되기를 바란다.

내 개인적으로는 한국사회에 에스닉 개념이나 문제가 있는지 잘 모르며, 알고 있는 부분이라도 상당히 제한적이다. 그러나 오랫동안 서구문헌의 자극 속에서 대만의 에스닉 현상의 발전과 경험을 연구했기 때문에 내 의식 속에는 '에스닉'이라는 개념이 최초로 서구사회의 경험에서부터 출발하여 온 것이며, 이후 점차적으로 다른 국가의 공동체 분류의 개념으로 변화되었고, 또한 모든 사회가 받아들이고 채용하는 정도와 방식 그리고 이러한 개념과 사회에서 원래 존재하던 공동체 분류개념 간의 상호작용은 모두 특수한 사회적 배경과 문화적 배경에서 벗어날 수 없기 때문에 독특성이 존재한다고 생각한다. 그러나 이러한 독특한 경험 이외에 일단의 유사한 경험은 서로 공유할 수 있다. 특히 많은 사회과학자들이 한국과 대만 사회를 비교연구하는 과정에 서로 참고할 만한 더 많은 가치있는 유사성들이 있을 것이라고 생각한다. 나는 또한 이 번역본이 멀지 않은 장래에 서로 사회적 경험을 교류할 수 있는 과정으로 변화되기를 충심으로 기대한다.

2008년 2월

南港、台灣

왕푸창(王甫昌)

역자 서문

역자가 이 책을 처음 접한 것은 2004년 5월 대북(台北)시의 한 서점에서였다. 당시 대만은 2004년 3월 제11대 총통선거에서 재임에 성공한 천수이볜 총통의 취임식 준비로 온 섬이 들떠 있는 듯했다. 취임식을 며칠 앞둔 대북시는 총통 선거일 직전에 있었던 '3·19 총격사건'으로 거리에서는 국민당 지지자들의 간헐적인 시위가 있었으며, 국민당 당사에는 '진상이 밝혀져야 총통도 있다'(有眞相才有總統) 라는 현수막이 걸려 있었다. 총통 취임식 당일에는 비가 왔고, 이러한 어수선한 분위기로 인해 원활한 행사진행에 대해 우려 섞인 목소리가 있기도 했으나 취임식은 순조롭게 진행되었다.

당시 역자는 대만 정당에 대한 박사학위 논문을 준비 중이었다. 취임식이 끝나고 서점에 들러 논문주제와 관련된 신간서적을 살펴보던 중 서점에 진열되어 있던 이 책을 발견했다. 총통선거가 있기 한 해 전에 출판된 이 책은 당시 대만사회에서 가장 첨예하게 논쟁의 대상이 되던 '에스닉 문제'〔族群問題〕를 직접적으로 다루고 있었다. 에스닉 문제는 1990년대 대만사회에서 중요한 사회적 균열로 등장한 이래 대만에서 선거 때가 되면 언론매체에서 자주 등장하는 최대의 화

두었다. 이 책은 이러한 에스닉 문제의 연원과 형성 그리고 그 정치적 사회적 함의에 대해 간결하고도 명확하게 설명하고 있었다.

한국에 돌아와 이 책을 읽으면서 역자는 대만의 에스닉 문제에 대해서 비교적 정확한 이해를 얻게 되었는데 읽다보니 이 책이 다른 어떠한 대만관련 서적 중에서도 현재의 대만의 사회적 갈등을 이해하는데 중요한 내용을 담고 있다고 판단하여 번역하기로 결심하였다. 대만을 연구하는 학자들이나 대만에 관심이 있는 일반인들의 경우 대만사회의 에스닉 문제에 대해 단편적으로 알고 있거나 혹은 알고 있다고 하더라도 종종 잘못 이해하는 부분이 있다. 물론 대만 전문가가 아닌 이상 대만의 에스닉 문제에 대해 필요 이상의 지식을 가질 필요는 없겠지만 대만의 에스닉 문제가 대만 내의 사회적 갈등의 문제를 넘어 대만독립의 문제와 직결되면서 대륙 중국과의 양안문제에서 중요한 변수로 작용한다고 하면 이야기는 달라진다.

일반적으로 대만에 대해 연구하는 사람들이 가장 혼란스러워하는 부분은 '중국과 대만은 본래 한나라인데 대만의 일부 정치세력들은 왜 독립을 요구하는가?', '대만 내에서 이와 같은 독립을 요구하는 자들은 원주민들인가?', '대만 내의 원주민들은 누구인가? 이들은 한족(漢族)과 다른가?', '같은 한족이라는 대만의 일부 주민들은 왜 독립을 원하는가?' 등이다. 이 질문에 대한 대답을 명확히 제시한 글은 얼마 없는데 이 책은 바로 이러한 부분에 대한 대답을 제시해 줄 수 있는 기본적인 단서를 제시해 주고 있다.

그렇다면 먼저 '에스닉'이라는 용어에 대한 설명을 해야 할 것으로 보인다. 이 책에서 말하는 에스닉이란 무엇인가? 이는 본래 영어의

ethnic의 음을 그대로 살린 번역이다. 대만에서는 ethnic을 족군(族群)으로 번역하여 race의 종족(種族) 그리고 nation의 민족(民族)과 구분하여 부르고 있다. 그러나 아쉽게도 한국에서는 중국식 족군(族群)이라는 용어를 사용하지 않으며 ethnic을 종족 혹은 민족으로 상황에 맞게 선택하여 사용하는 실정이다. 그러나 ethnic은 분명 race나 nation과 구분되는바 이 책에서는 ethnic의 영어식 음을 그대로 사용하기로 하였다. 용어 사용으로 고민하는 가운데 중국식 표현인 족군(族群)을 사용할까도 생각해 보았지만 지나치게 생소한 용어로 인해 독자들에게 거리감을 줄 것 같아 최종적으로 '에스닉'으로 하기로 정하였다.

대만에 '4대 에스닉'이 있다는 것은 1993년 야당인 민진당의 입법위원인 예쥐란〔葉菊蘭〕, 린쥐쉐이〔林濁水〕 등이 제시한 이래 지금까지 대만 에스닉의 보편적인 구분으로 사용되고 있다. 4대 에스닉은 1947년 장제스〔蔣介石〕와 함께 해협을 건너온 외성인(外省人), 17세기 대만으로 이주한 이래 현재 최대의 인구비율을 차지하고 있는 한족의 일부인 민남인(閩南人), 그리고 민남인과 비슷한 시점에 이주해 왔으나 수적 열세인 다른 한족 중 하나인 객가인(客家人), 그리고 마지막으로 한족이 이주해오기 전부터 대만을 실질적으로 점유하고 있던 원주민이다. 이 책은 이와 같은 네 집단으로의 분류가 어떠한 시점에 어떠한 경로로 인해 사용되었는지 당시의 역사적 배경과 정치적 배경 속에서 설명하고 있다.

이 책을 번역하게 된 데에는 이 책이 대만의 사회적 정치적 균열에 대한 적절한 설명을 하고 있다는 점도 영향을 끼쳤지만 개인적으로는 몇 년 전 읽었던 베네딕트 앤더슨(Benedict Anderson)의 《상상의 공동체(*Imagined Communities*) : 민족주의의 기원과 전파에 대한 성찰》(윤형숙 역, 서울: 나남출판)라는 책의 영향도 있었다. 1999년 처음 읽었던 이 책은 민족이란 '제한되고 주권을 가진 것으로 상상된 공동체'라는 인식의 관점을 제시하고 있는데 이는 이후 역자가 민족을 포함한 다양한 공동체를 연구할 때 항상 인식의 틀이 되었다. 마침 대만의 왕푸창 교수의 《갈등의 정체성》이 앤더슨의 이러한 시각에 입각하여 대만사회의 에스닉을 분석하고 있다는 점이 개인적으로는 무척 흥미로운 것이었다.

나남출판의 조상호 사장님을 찾아가 번역서의 출판을 부탁드릴 때 예전에 읽었던 《민족주의의 기원과 전파》(3쇄 본이었는데 당시 제목은 현재의 《상상의 공동체》가 아니었다)를 들고 가서 두 저서의 연관된 부분에 대해 말씀드리고, 책의 번역서 출판을 부탁드렸더니, 무척 기뻐하시며 개정판 새 책을 선물로 주시면서 이 부족한 번역본을 흔쾌히 출판해 주시겠다고 하였다. 시장성이 없는 줄 아시면서도 번역서의 출판을 허락해주신 사장님께 감사드린다.

분량이 그리 많은 않은 이 책을 번역하는 데 적지 않은 시간이 걸렸다. 이는 역자의 게으름 탓도 있겠지만 사회학 서적의 특성상 번역하기 어려운 내용과 용어가 포함된 것은 물론이요 대만 역사에 대한 지식이 없으면 이해할 수 없는 앞뒤의 정황으로 인해서 때로는 전공과 관련이 없는 자료까지 뒤져가며 제대로 된 번역인지를 확인하느라 시간이 더 필요하였다.

번역과정에서는 오랫동안 국방부 정보본부 중국정세분석관으로 계셨던 김명철(金明哲) 님의 도움이 컸다. 많은 오역을 지적해 주시고, 중국의 고사와 대만 특유 어법의 난해함을 해결하는 데 도움을 주셨다. 또한 국립대만대학(國立臺灣大學) 정치학과 박사과정에 있는 동시치〔董思齊〕 연구원은 번역내용상의 오류를 교정하는 데 많은 시간을 할애하였고, 고려대학교 정치외교학과의 박재홍 군은 오타와 어색한 문장을 수정하여 주었다. 이 분들의 도움이 없었다면 이 번역은 상당한 오류를 담고 있었을 것이다. 또한 나남출판의 방순영 부장님과 김주양 님은 부족한 번역원고를 한 권의 책으로 만드는 과정에서 큰 수고를 해주셨다. 이 분들에게 지면을 빌려 감사한 마음을 전한다.

끝으로 나의 학문적 길의 목표와 이정표이면서도, 이 길을 가는 과정에서 지원과 격려를 아끼지 않으시는 존경하는 임혁백 교수님께 감사드린다. 역자가 박사학위를 성공적으로 마치고 지속적인 연구를 할 수 있는 것은 교수님의 배려에 의한 것이다. 그리고 어려운 순간과 힘든 과정에서도 나의 학업에 전폭적인 지원을 보내주는 남편 장성민과 사랑하는 두 딸 세영과 세린에게도 역시 감사한 마음을 전하고 싶다.

2008년 가을
안암골에서
지 은 주

저자 서문

현대 대만에 '에스닉'(*ethnic*, 族群)이 가장 활발하게 논의되는 화제 중 하나라는 것은 재론의 여지가 없다. 평상시 일반사람에게는 에스닉 무엇인지, 대만에 어떠한 에스닉들이 있으며, 에스닉 문제라는 것이 과연 존재하는지와 같은 문제에 대한 공통된 의식이 존재하지 않는다. 그러나 일단 선거철이 되면, 언론매체는 정치인들이 서로 상대편에 대해 에스닉 단체를 동원한다고 비난하는 논조와 기사로 메워지기 시작한다. 불행하게도 최근 10년간 대만에는 거의 매년 선거가 있었고, 새로 등장한 텔레비전 시사토론 프로그램은 종종 선거일 8, 9개월 전부터 선거화제를 부각시키기 시작한다. 언론매체 보도는 '배경'이 없는 '사건'(충돌), '이슈'가 배제된 '인물', '다원적 관점'이 배제된 '양극대립'만을 습관적으로 강조하고 있는데, 이와 같은 에스닉 문제 토론방식은 일반인들이 이러한 현상을 이해하는 데 도움이 안 될 뿐더러 각각의 입장 차이만을 강조하여, 대립적 메커니즘을 더욱 심화시키고 있다.

더욱 중요한 것은 대만사회가 1990년대 이후 국가정립과 나아갈 방향에 대한 전환을 겪었다는 점이다. 각기 다른 에스닉 상상하에서 사람들은 대만이라는 땅덩어리와 그 주민들의 과거와 미래에 대해 분명히 서로 매우 상이한 기억과 주장을 가지고 있다. 비록 절대 다수의 사람들이 에스닉간의 화합과 상호 존중의 가치를 인정하지만 일단 대만의 '역사'에 대한 해석이나 대만 '미래'의 국가정립과 문화의 나아갈 방향과 관련된 화제에 봉착하면, 화합을 파기하고 상호 존중할 수 없는 논조가 난무하게 된다. 국가제도, 구조 혹은 정책적 과정은 오히려 사람들로 하여금 역사적 경험 혹은 미래에 대한 기대가 상이하다는 것을 드러내는 기회가 되고 있다.

에스닉은 누구나 이야기하기 싫어하면서도 이야기하지 않을 수 없는 화제가 되었다. 에스닉이 이렇게 많은 논쟁의 대상이 된 것은 에스닉의 특성과 본질에 대한 일반인들의 많은 오해가 있기 때문이라고 생각한다. 대만에 에스닉 문제가 있다고 생각하는 사람들만이 오해가 있는 것이 아니라, 대만에 에스닉 문제가 없다고 생각하는 사람들 또한 마찬가지이다. 대만사회는 에스닉 현상에 대한 잘못된 생각과 가치판단으로 가득 차 있다.

대만에 에스닉 문제가 있다고 생각하는 사람(통상적으로 스스로를 '약세 에스닉'이라고 생각하는 사람)들은 통상적으로 에스닉을 역사적 뿌리가 깊고, 특수한 문화가 있고, 경계가 분명한 단체라고 본다. 이렇듯 '에스닉은 단체이다'라는 허황된 생각은 에스닉 운동가로 하여금 스스로 '에스닉'의 역사와 문화에 신성한 지위를 부여하고, 쉽게 타협하는 것을 원하지 않게 한다. 에스닉의 '과거'에 대한 상이한 견해는 결국 충돌의 근원이 된다.

대만에서 에스닉 문제가 이미 사라졌다고 생각하는 사람들은 "지난

40년간, 본성인과 외성인 간의 상호교류, 업무와 통혼(通婚)을 통해서 출신성(省)의 경계가 이미 뚜렷하게 희석되었다"[1]고 생각한다. 일반인들의 일상생활 속에서 에스닉은 오래 전부터 이미 문제가 아니었다. 단지 선거가 다가오면 정치인들의 동원에 의해서 에스닉이 비로소 문제로 부각되는 것이다. 이러한 허황된 '정치인 도발론'으로 인해 많은 사람들은 에스닉 간의 문화적 차이가 좁혀짐에 따라 에스닉 문제 자체 또한 사라져야 한다고 믿게 되었다. 계속해서 에스닉의 차이와 불평등의 문제를 거론하는 것은 에스닉 의식을 부추기게 된다. 그렇기 때문에 정치인들이 권력을 위해서 손쉽게 동원할 수 있는 에스닉 정서에 호소하여 민중의 지지를 획득하려는 것은 지극히 부도덕한 처사이다. 다른 사람들이 에스닉의 정치적 동원을 하는 점을 비난하는 것은 또 다른 출동의 빌미를 만들어 낸다.

〈원견〉(遠見) 잡지 제 13 · 121기 표지

상술한 각종 허황된 생각과 오해는 사람들로 하여금 에스닉 현상에 대해 가치판단을 하거나, 혹은 '소수의' 정치인들을 비난하기에 바쁜 나머지 어떻게 하여 개인의 성취, 신분의 다원화, 그리고 개인의 사회적 지위와 지리적 위치가 지극히 유동적인 현대사회에서 에스닉이

1) 출처는 〈遠見雜誌〉 제13기 (1986년 7월 1일)의 커버스토리 "출신성이 문제인가?"의 편집자 주기, p.15.

아직도 이와 같은 큰 영향력을 가지고 있는가에 대해 탐구할 시간적 여유를 주지 않는다. 우리는 '에스닉은 단체이다'라는 관점으로 인해 에스닉이 하나의 공동체의 분류 상상이라는 현대의 사회적 의미로 기능하는 것을 충분히 이해하지 못한다. 게다가 '정치인 도발론'의 해석은 정치인들의 선동능력을 과대평가하고, 일반대중의 자주성과 이성을 과소평가하고 있다. 이러한 허황된 생각과 오해는 사람들로 하여금 에스닉 화합이라는 가치 아래에서조차 자주 무의식적으로 말 또는 행동을 통해 충돌을 부추기고 있다.

이러한 상황을 변화시키기 위해서는 현대 사회에서 '에스닉'이 차지하는 의미를 다시 이해하는 데에서부터 시작해야 한다. 상술한 두 가지의 잘못된 생각과 소통하기 위해서 이 책에서는 '에스닉 상상'이라는 개념을 제시했다.

'에스닉 상상'이라는 각도에서 에스닉 현상을 이해하는 것은 상당히 최근의 발전이다. 19세기 말 공업화 초기 대다수의 사회과학자들은 한결같이 '에스닉' 혹은 '가족'과 같은 귀속신분이 새로운 성취신분, 즉 '교육', '계급' 혹은 '직업'으로 인해 대체되거나, 혹은 점차 그 사회적 중요성을 잃게 될 것이라고 예측했다. 그러나 1960년대 이후 고도의 공업국가에서 에스닉 의식이 다시 살아나 상승하게 됨으로써 이러한 예측은 점차 의문시되었다. 지난 2~30년 동안 대만 내외의 사회학, 인류학, 정치학 연구자들은 현대 세계 각국의 '에스닉 의식의 부활현상'에 대해서 새로운 해석을 제시하기 시작했다. 이 책의 주요 목적은 바로 이러한 새로운 연구결과를 소개하고 선대의 업적을 기반으로 하여 '에스닉 상상'에 대한 분석 시각을 제시하여, 독자들에게

'에스닉' 현상을 이해하는 새로운 관점을 제시하는 것이다.

이 졸작은 필자가 2000년 7월 11일 행정원(行政院) 국가과학위원회(國家科學委員會)에서 후원한 '고교생 인문 및 사회과학 캠프'[2]의 주제연설인 '에스닉 관계와 에스닉 정체성'을 기초로 하여 과거 필자가 대학 학부 '에스닉 관계' 과목에서 강의한 내용의 일부에 최근 새로운 아이디어를 가미하여 재집필한 것이다. 이 책의 독자층은 고교 및 대학교 1, 2학년 학생 혹은 사회과학수업을 전혀 듣지 않았던 사람들을 대상으로 한다. 설정된 독자가 사회과학을 연구하는 학자들이 아니기 때문에 이 책의 서술방식은 기본개념 및 기존의 지식을 소개하는 교과서와 상당히 유사하며 전문적 학술저서는 아니다.

필자가 대만 에스닉 연구에 종사한 지는 이미 약 15년이 되었지만 지금까지 줄곧 사회과학 동료들을 대상으로 하는 학술논문만을 써왔고 개론서 혹은 교과서 형식의 글은 거의 쓰지 않았다. 후자는 관련된 과제를 보다 더 폭넓게 처리하는 것을 필요로 한다. 시간, 에너지, 연구에 대한 흥미의 제한으로 인해 한 개인이 에스닉과 관련된 모든 의제를 연구할 수는 없다. 그러므로 이 졸작의 내용은 국내외 많은 연구자들에 의해 다년간에 누적된 연구업적을 기반으로 하여 그 위에 개인적인 성찰을 가미하여 정리해 낸 일부 극히 초보적인 견해이다.

그 중에서 대만 에스닉 현상에 대한 필자의 많은 견해들은 중앙연

2) 국립대만대학(國立臺灣大學) 사회학과 주최, 캠프지역은 양명대학(陽明大學) 레크리에이션센터 대강당.

구원 사회과학연구소의 '공동체분류연구팀'〔人群分類硏究群〕의 장마오궤이〔張茂桂〕, 샤오신황〔蕭新煌〕, 차이수링〔蔡淑玲〕, 푸양즈〔傅仰止〕, 우나이더〔吳乃德〕 등 몇몇 동료들의 오랜 기간에 걸친 연구와 일상 토론의 자극에 힘입은 바가 컸다. 이 책은 이들의 연구성과와 견해를 많이 인용하였다. 비록 이 책에서는 최대한으로 그들도 동의할 것으로 믿는 견해를 제시하였지만, 일부 개인적인 반론 및 견해를 제시했기 때문에 이들로부터 많은 이견이 있을 것으로 생각된다. 커즈밍〔柯志明〕, 셰궈숑〔謝國雄〕, 샤오아친〔蕭阿勤〕, 쉬쩡광〔徐正光〕, 린허링〔林鶴玲〕, 정루린〔鄭陸霖〕, 장잉화〔章英華〕, 판윈〔范雲〕, 황잉궤이〔黃應貴〕, 황쉬안웨이〔黃宣衛〕 등과의 토론도 이 책의 관점에 많은 영향을 주었다. 물론 이들이 이 책에서 표현된 관점에 대해 책임을 질 필요는 없다.

그 밖에, '고교생 인문 및 사회과학 캠프'를 기획한 국립대만대학교 사회학과 첸둥썽〔陳東升〕 교수가 특강할 수 있도록 초청한 것에 대해 각별한 감사를 표한다. 사회과학이 뿌리내릴 수 있도록 하는 이러한 움직임은 지난 날 대만에서 장기간에 걸쳐 고교 이하에서의 '자연과학 중시, 사회과학 경시'의 교육정책을 전환시키고 우수한 젊은이들이 조기에 사회과학 대열에 투신하도록 유도하는 데에 도움을 주었으며, 그 중요성은 달리 언급할 필요가 없으리라 본다. 둥썽〔東升〕 선배는 과학캠프 활동종료 후 책으로 펴내자고 제의하였고 강연원고정리 및 출판사를 물색하였다. 그의 격려와 독촉이 없었다면, 이 책은 아마도 애초의 강연원고에 머물렀을 것이다.

당초 한 달로 예정되었던 재집필 작업은 가다가 멈추다가를 거듭

한 끝에 근 6개월을 끌었다. 과학캠프 특강 중 많은 학생들이 한 질문에 대해 답변을 추가하고 일부 내용을 추가하고 보충자료를 첨가하는 것 외에 아직 형성중에 있는 '에스닉 상상'의 개념도 포함시켰다. 글자 수도 강연원고의 2만여 자에서 7만여 자로 증가되었다. 이 책은 원래 고교생 인문과학 캠프의 성과의 하나로서 국립대만대학과 시보문화회사(時報文化公司)에 의해 공동 출판되었다. 이때의 출판물은 각 고교도서관에 배치되었고 대외 판매용으로 하지 않았다.

둥성〔東升〕 선배의 호의 아래 원고의 양식과 장절을 일부 조정한 후 군학(群學)출판사에 맡겨 재출판하기로 하였다. 재집필 및 출판과정에서 첸용이〔陳永宜〕, 왕웨팡〔王維邦〕, 우빠쉬엔〔吳柏旋〕이 자료정리 및 교열을 맡아준 것에 대해서 필자는 충심으로 감사한다. 그 밖에 이 책에서 1988년 객가(客家)의 '우리 모어 되찾기 운동'〔還我母語運動〕의 기록사진을 사용할 수 있도록 흔쾌히 승낙해 준 쉬빠이신〔許伯鑫〕 작가에게도 각별한 감사를 표한다.

2003년 10월

왕푸창(王甫昌)

나남신서 · 1311

갈등의 정체성

현대 대만사회의 에스닉 상상

Ethnic Imagination in Contemporary Taiwan

차 례

제 2 편 현대 대만사회의 에스닉 상상 - 대만의 4대 에스닉

제1편

에스닉(族群)이란 무엇인가?

제 1 장

머리말

오늘날 대만사회에서 사회과학을 연구하는 사람이나 일반사람들에게 '에스닉'이라는 말은 누구나 익히 들어온 단어라고 알고 있으며, 한편으로는 이것이 사회생활에 중대한 영향을 미치는 것이라고 생각한다. 일반사람들은 '에스닉'이 뜻하는 의미에 대해 공통된 생각이 전혀 없을 뿐만 아니라, 자신이 어느 특정 '에스닉'에 귀속되는지 또는 대만에 '에스닉'이란 것이 과연 존재하는지, 있다면 어떠한 '에스닉'이 존재하는지에 대해서조차 일치된 관점이 없는 것으로 보인다. 그러나 분명한 것은 일정한 시기가 지나면 특히 선거철만 되면 쉴 새 없는 토론과 논쟁으로 인해 에스닉은 일반인들의 생활, 나아가 상호간의 관념에 대해 중대한 영향을 미치기 시작한다. 선거 이외에도 국가적 정체성(통일-독립문제) 또는 역사해석의 문제(역사교과서)에 관한 논쟁 등과 관련해서도 사람들은 항상 자각하든 자각하지 않든 간에 에스닉을 이러한 일들을 이해하는 중요한 참고기준으로 삼고 있다.

도대체 '에스닉'이란 무엇인가? 우리는 어떤 식으로 이러한 현상과 이것이 현대 대만사회에 미치는 영향을 이해해야 하는가? 이와 같은 것들이 이 책에서 답을 제시하고자 하는 문제들이다.

1. 대만사회에서 '에스닉'이라는 용어의 출현, 보편적 사용과 남용

'에스닉'(族群)이라는 개념은 보편적이고 또한 일반 사람들의 사상 속에 깊이 스며들어 있기 때문에, 사람들에게 오래된 역사적 뿌리에 대한 그리움을 종종 불러일으킨다. 그러므로 우리는 에스닉이라는 용어가 대만사회에서 1980년대 말에 와서야 등장하여 사용되기 시작했다고 상상하기 어렵다. 바꾸어 말하자면 에스닉이란 개념이 대만사회에서 실질적으로 사용되기 시작한 것은 15년도 안 된다는 것이다. 처음에는 인류학자와 사회학자들이 영어의 'ethnic groups'를 '에스닉'이라고 번역하였다가, 그 이후에 이를 일부 관련된 현상을 서술하고 해석하는 데 사용하기 시작했다. 그러다가 1990년대 이후, '에스닉'은 점차 일반사람들이 일상생활에서 흔히 사용하는 용어가 되었다. 이는 아마도 당시 많은 사람들이 대만의 일부 현상들을 에스닉 문제 혹은 에스닉 논쟁이라는 개념을 사용하여 설명할 수 있을 것이라고 생각하였기 때문일 것이다.

그러나 이러한 용어는 일반인의 일상생활에서 보편적으로 사용되기 시작됨과 동시에 빠른 속도로 상당히 남용되기 시작했다. 일본문화가 대만에서 유행함에 따라 일본어 중 이른바 '출근족'〔上班族〕, '전차족'(電車族)과 같은 용어가 직접적으로 대만 내에 서로 다른 집단을 묘사하는 데 사용되었다. 그렇기 때문에 각종 서로 다른 '××에스닉'〔族群〕이라는 호칭이 함께 유행하게 되었다. 예를 들어 신문 지면에는 항상 증권족〔股票族〕, 빈랑[1]족(檳榔族), 오토바이족〔機車

---

1) 역자 주 : 빈랑은 말레이시아가 원산지인 야자나무과에 속한다. 열매를 빈랑자(*betel nut*)라고 하는데 세계인구의 약 4억 명 이상이 씹고 있으며 인도에서만도 연간 10만 톤 이상을 소비한다. 빈랑자 한 조각을 입에 넣고, 베틀후추

族〕, 실버족〔銀髮族〕, 밤고양이족〔夜猫族〕 등이 나타났고, 나아가 증권 그 자체는 아예 하나의 에스닉〔전자주식족(電子股族群)〕이 되어 버렸다. 게다가 대중(臺中)에 있는 자연과학박물관(自然科學博物館)은 별들을 또한 에스닉으로 칭하기도 하였다.

따라서 현재 대만에서 '에스닉'이라는 이 용어는 '남용'되는 정도에까지 이르렀다고 말할 수 있다. 남용이라는 말을 사용하는 것은 주로 사회과학연구자들이 에스닉이라는 용어를 이용해서 너무 많고 다른 유형의 집단을 설명하는 데에 대한 불만을 나타내기 위함이다. 만약 우리가 앞에서 말한 각종 집단들을 모두 에스닉이라고 할 경우, '에스닉'과 '단체' 그리고 '집단' 간에는 도대체 무슨 차이가 있겠는가?

비록 우리는 일반인들이 일상생활에서 '에스닉'을 보편적으로 사용하는 것을 변화시킬 수 없고, 이를 금지할 수도 없지만, '에스닉'이 하나의 효율적인 사회과학의 분석개념이 되고자 한다면 반드시 먼저 '에스닉'이라는 개념이 본래 무엇을 가리키던 의미였는지를 짚고 넘어가야 한다. 그렇지 않고서는 이것이 우리가 사회현상을 이해하고 분석하는 데에 도움을 줄 수 없다. 우리는 반드시 '에스닉'이라는 이 명사가 그 본래의 용법, 즉 애초에 '*ethnic groups*', '에스닉'(族群)으로 번역되었던 그 상황을 돌아봐야 한다.

(*betel pepper*: *Piper betle*)의 잎에 석회를 발라서 같이 씹는다(두산백과사전 EnCyber & EnCyber.com). 대만에서는 일부 사람들이 빈랑을 즐겨 씹는다.

2. '에스닉'을 하나의 특수한 공동체로 분류하기

'에스닉'은 상당히 주의를 끌게 하면서도 다른 단체와 상당히 다른 무언가가 있다. 즉 에스닉은 그 구성원들에게 단합력을 요구하며, 구성원의 행위에 미치는 영향이 상당히 크다. 근대 인류사회에는 수많은 중요한 충돌이 있었는데 이는 모두 에스닉이라는 이름으로 진행되었다. 최근의 예는 유고의 내전으로서, 보스니아에서 '에스닉 청소'(*ethnic cleansing*)라는 에스닉 말살행위가 발생하였다. 현대 사회에서는 거의 매일 에스닉이라는 이름으로 진행되는 충돌을 접할 수 있으며, 이는 통상적으로 매우 처참하다. 지난 백여 년 동안 '에스닉'과 '민족'[2]의 생존 혹은 영광은 많은 사람들로 하여금 이를 위해 희생을 달갑게 받아들이도록 하였으며, 나아가 이를 위해 살인을 저지르는 것도 서슴지 않게 하였다. 게다가 이러한 행동은 국가의 독려를 받거나 에스닉 단체의 찬양을 받기도 하였다. 이를 위해 희생한 사람들은 열사가 되었고, 이를 위해 살인한 자들은 민족영웅이 되었다.

에스닉 혹은 민족이 어째서 이렇게 큰 힘이 있어서 사람들로 하여금 범상치 않은 일을 하게 하며, 게다가 국가 혹은 민족의 찬양까지 얻게 되었는가? 우리는 에스닉을 기타 다른 집단과 비교해 볼 수 있을 것이다. 누군가가 만약 자신의 에스닉 혹은 민족을 위해 희생하고 살인했다면 우리는 그를 열사 혹은 영웅이라고 칭할 것이다. 그러나

---

2) '에스닉'과 '민족'은 많은 공통점이 있다. 그들간의 가장 큰 차이는 민족이 통상적으로 '정치적 주권'의 개념을 포함하고 있다는 데에 있다. 사회학자인 겔너(Ernest Gellner)에 의하면, '민족'은 민족주의의 경계에서 출현한 것이며, 더욱이 민족주의는 '문화적 경계선'이 반드시 '정치적 경계선'과 중복되어야 한다는 일종의 정치적 원칙을 요구한다. Ernest Gellner(1983), *Nations and Nationalism*, Ithaca: Cornell University Press. 중문판은 李金梅 역, 《國族主義》, 臺北: 聯經出版社를 보라.

만약 누군가가 자신이 참여하는 자발적인 사회집단(행글라이딩클럽 혹은 보드클럽)을 위해 희생하거나 살인했다면, 우리는 이 사람들을 정신이상자라고 할 것이다. 사람들은 수많은 집단 혹은 단체에 소속되어 있다. 그 중 어느 집단이 개인에 대한 충성도의 요구가 이토록 높을 수 있겠는가? 현재 일반적인 사회적 규범하에서는 에스닉과 민족뿐이다. 그러므로 에스닉은 분명 다른 집단들과 상당히 다른 특징을 가지고 있다.

이 책은 두 가지 목적을 가지고 있다. 그 중 하나는 하나의 공동체 분류로서 '에스닉'의 특징이 무엇인가? 그리고 '에스닉 상상'이 어찌하여 이토록 큰 사회적인 응집력을 가지고 있는가?를 탐구하고 토론하는 것이다. 두 번째 목적은 지금까지도 토론중인 것으로 지난 15년 동안 대만에 있었던 수많은 에스닉 논쟁과 에스닉 현상을 '에스닉 상상' 개념을 사용하여 설명했을 때 과연 이해하는 데 도움을 줄 수 있는가 하는 것이다. 이 책은 에스닉 상상의 개념을 사용하여 현재 상당히 유행하고 있는 '4대 에스닉'의 구분이 도대체 어떻게 나타나게 되었는지를 설명할 것이다.

3. 사회학의 관점에서 '에스닉 상상'을 분석하고 이해하기

토론을 시작하기 전에 반드시 강조하고 싶은 것은 현재 대만사회에서 에스닉이란 상당히 논쟁이 많은 개념이라는 것이다. 많은 사람들이 에스닉에 대해서 애증이 교차되는 심정을 가지고 있으며, 또한 어떤 사람들은 원천적으로 이러한 현상에 직면하고 싶어하지 않고, 에스닉의 존재를 인정하려 하지 않으며, 혹은 어떤 사람들은 대만에 애초부터 에스닉이란 없기 때문에 자연적으로 에스닉 문제도 없다고 생각하기도 한다. 에스닉이라는 개념의 사용을 반대하는 사람들은 에스닉 문제가 없는 이상 에스닉 자체도 존재하지 않다고 보고 있으며, 그러면서 에스닉을 논하는 것은 에스닉을 이간시키거나 에스닉 의식을 되살려 에스닉 문제를 조장하려고 기도하는 것이라고 본다.

그러나 필자의 생각으로는 에스닉을 인정하지 않고, 에스닉 때문에 파생되는 문제에 직면하지 않으려는 태도는 기본적으로는 '병원에 가기 싫어서 병을 감추는' 태도라고 본다. 우리는 기피하는 태도를 이해할 수 없다. 즉 에스닉이 강조하는 역사적 기원과 현재의 차이가 진실로 그와 같이 선명한 것인지의 여부는 차치한다고 하더라도, 어떻게 하여 이것이 이렇게 커다란 동원능력을 가질 수 있고, 이로 인해 발생한 충돌이 대만사회에서 중요한 문제가 될 수 있는가 하는 점이다. 만약 이것을 반드시 해결해야 하는 문제라고 생각한다면, 우리는 에스닉의 특징에 대해서 먼저 이해해야 하고, 에스닉이 어떻게 하여 상술한 사회적 충돌의 잠재력을 가지고 있는가를 짚고 넘어가야 한다. 다름 아닌 에스닉 현상에 대한 무지로 인하여 오히려 많은 사람들이 자신도 모르게 일상언어와 행동 속에서 에스닉의 충돌 혹은 대립을 격화시키고 있다.

이 책의 목적은 하나의 단체로서의 정체성과 공동체 분류의 상상으로 작용하는 에스닉의 특성과 이것이 현대 대만사회에서 나타나게 된 원인과 과정을 이해하고자 하는 것이다. 이 책은 사회학적 연구의 차원에서 에스닉 현상을 이해함으로써 이러한 문제들의 기초를 분석하고 토론할 것이다. 여기서 반드시 먼저 강조해야 할 점은 사회과학적인 훈련이 우리가 사회적 현상의 발생을 해석하는 데 도움을 줄 수 있지만, 이것이 우리에게 어떤 것이 좋은 것이며 어떤 것이 당위적인 것인지에 대해서는 충분히 알려줄 수는 없다는 점이다.

이러한 도덕적이고 당위적 문제들은 상당히 중요하지만, 나는 사회과학적인 훈련이 가치판단의 기준을 제시할 수도 없고, 제시해서도 안된다고 생각한다. 한 사회의 현상이 좋은 것인지 혹은 그렇지 않은 것인지와 어떻게 개선해야 하는가의 문제는 개인이 스스로의 생활경험과 자신의 입장에서 판단하고 결정하는 것이다. 그 누구의 기준과 입장도 다른 사람들보다 상위에 있지 않다. 바꾸어 말하면, 필자는 사회과학은 하나의 도구로서 그 최대역량은 사회현상을 정립하고 해석을 하는 능력에 있는 것이지 도덕 혹은 가치판단의 이념을 제공하는 것은 아니라고 본다.

에스닉 현상으로 말할 것 같으면, 해석을 강조하는 입장은 더욱 중요해진다. 많은 사람들이 에스닉 상상이 충돌과 갈등을 가져올 것이라고 보는데, 실상이 그러하다. 그러나 혹자는 에스닉 상상이 실질적으로 결집력이 약한 단체들에게 중요한 역량이 되어서, 약세단체들의 응집력을 가져와 불공정에 대항하게 하고 정의를 취득할 수 있게 하는 유일한 채널과 루트가 될 수 있다고 본다. 에스닉 상상이 결국 좋은 것이냐 나쁜 것이냐 하는 것은 개인이 강조하는 가치가 '사회적 조화'를 추구하는 것인지 혹은 '사회적 공평(公平)과 공의(公義)'를 추구하는 것인지에 달려있다. 상이한 사회적 위치(특히 권력구조상의 상이한 위치)에 있는 사람들은 어떠한 사회적 구조의 배치가 좋은 것이며, 어떠한 것이 적절한 사회적 행동이며, 에스닉 정체성과 상상이 합리적 집단행동의 기초가 되는가 등의 문제에 대하여 분명 극과 극의 견해를 갖는다. 그러므로 이 책에서는 에스닉(혹은 에스닉 상상)이 좋은 것인지 나쁜 것인지에 대해서는 토론하지 않을 것이다. 이 문제는 독자들 스스로의 판단에 맡기고자 한다.

이제부터 이 책에서 소개할 에스닉 현상에 대한 분석과 토론은 일부 사람들이 오래 전부터 습관적으로 해왔고 또 당연하다고 생각했던 관점을 깨뜨릴 것이다. '에스닉'이란 많은 사람들에게 상당히 신성한 위치에 있는 것이다. 따라서 이러한 상상과 규범을 깨는 행위는 당연히 그러려니 하고 생각하는 것을 다시 검토하는 과정에서 일부 독자의 심기를 불편하게 할 수도 있을 것이다. 그러나 여기서 강조하는 역사적 기원과 현대의 차이가 정말 분명한 것인지의 여부는 차치하고서 일단 우리는 이 책의 내용이 이와 같은 논쟁성이 있는 현상에 대해서 분석적이고 이성적인 토론에 치중할 수 있기를 희망한다.

제 2 장

'에스닉'과 '에스닉 정체성'이란 무엇인가

이 장에서는 우선 서구사회과학에서 '에스닉'이라는 개념이 사용되었던 함의에 대해 소개할 것이다. 그 후에 이 개념이 대만사회에서 발전하여 온 상황을 검토할 것이다. 우리는 '에스닉 상상'의 개념을 통해 에스닉 현상이 대만사회에서 발전해 온 특징을 설명할 것이다.

1. 서구 사회과학의 '에스닉'에 대한 정의

여기에서는 서구 사회과학계가 '에스닉'과 '에스닉 정체성'을 어떻게 정의하였는가를 먼저 살펴볼 것이다. 이 중에서도 에스닉에 대한 정의와 특성부터 이야기해 보기로 한다.

1) '공동의 뿌리'로서 우리 집단(我群)과 다른 집단(他群)의 집단 정체성을 구분하기

영어에서 '에스닉'(*ethnic groups*, 族群)이라는 단어가 등장한 시기는 매우 짧다. 대략 1950~1960년대를 전후하여 '에스닉'이라는 단어가 영어권에서 보편적으로 사용되기 시작하면서 웹스터(Webster) 대사전에 수록되었다. 과거에는 대체로 유사한 현상을 서술할 때에 자주 사용된 명사는 종족(種族, *race*) 혹은 민족(民族, *nation*)이었다.[1] 현재 일반적인 연구자들은 에스닉에 대해 다음과 같이 정의하고 있다.

> 에스닉이란 한 무리의 공동의 뿌리 또는 공동의 조상, 공동의 문화 또는 언어를 갖고 있기 때문에 스스로 혹은 제3자에 의해 하나의 독특한 사회집단을 구성하고 있다고 생각되는 한 무리의 사람들이다.

이러한 정의는 명확하게 2개의 기준으로 에스닉을 본 것인데, 첫째 이들은 공동의 문화 또는 공동의 조상과 뿌리를 갖고 있다고 인정받고 있다. 많은 연구가들이 이것을 비교적 객관적인 요소로 강조하는 것으로 보이는데, 에스닉은 나름대로 분명하게 구별할 수 있는 다른 집단과 상이한 일단의 특징을 지니고 있다. 두 번째 정의의 기준은 비교적 주관적 요소이다. 에스닉 스스로가 하나의 독특한 사회집단을 구성한다고 생각함은 물론 이것이 제3자의 인정을 받았다고 생각하는 것이다. 이는 주관적으로 서로가 상대편이 하나의 에스닉 단체를 구성하는 사회과정을 구성하였는가 아닌가를 생각하는 것과 연관되어 있다. 만약 이러한 정의에서 본다고 하면, 우리는 다음과 같은 것을 발견할 수 있다. **다른 단체와 달리 에스닉 정체성에서 가장 독특한 점은 구성원들간의 '공동의 뿌리' 혹은 '공동의 선조'(*common descent*)를 '나의 집단'과 '타의 집단'을 구분하기 위한 기준으로 삼고 있다는 데에 있다.**

이른바 에스닉이 인정하는 '공동의 조상'과 '공동의 뿌리'의 구별이 과연 올바른 것인지는 중요한 문제가 아니다. 중요한 것은 만약 하나의 집단이 스스로 이러한 '공동의 기원'이라는 의식을 가지고 있다면,

---

1) 張茂桂, 1999, "第八章 '種族與族群關係", 王振寰, 瞿海源 편. 《社會學與臺灣社會》, 臺北 : 巨流圖書公司, pp. 239~279.

그 자체로서 그들만의 에스닉 상상을 구성하기에 충분한 것이다. 반드시 강조해야 하는 것은 우리는 사실상 한 치의 오차도 없이 정확하게 어떤 집단의 사람이 하나의 에스닉으로 구성되어 있는지 혹은 어느 사회 내에서 객관적으로 존재하는 에스닉의 존재 여부를 판별할 객관적 기준을 가지고 있지 않다는 것이다. 이른바 '공동의 문화', '공동의 선조'라는 화법은 종종 역사적이고 문화적 증거가 뒷받침되어야 하는데 이러한 자료들은 대체적으로 애매모호한 부분이 많아서 서로 다른 해석을 지지하는 입장이 나타난다. 그러므로 어느 한 에스닉의 '본질'('문화적' 혹은 '혈연적'인 것을 막론하고)을 찾으려고 할 경우 이는 보통 부질없는 일이 되고 만다. 나아가 이는 서로 다른 입장 간의 대립을 유발하여 에스닉간의 충돌을 일으키기 쉽다.

그러므로 에스닉의 '본질'이 무엇인가의 문제는 우리가 에스닉 현상을 고민할 때 고려해야 하는 것이 아니다. 우리가 반드시 질문해야 하는 것은 사람들이 에스닉 분류의 방식으로 자신과 타인의 차이와 관계를 생각하고 있는지의 문제이다. 이러한 현상에 직면할 때 우리는 사람들이 자신 혹은 타인을 '에스닉'이라고 칭할 경우에 어떠한 방식으로 자신과 타인의 차이를 구분하고 있는가를 분석하면 된다.

간단히 말하면, '에스닉'이라는 개념으로 집단을 분류할 때 강조해야 하는 부분은 나와 동일한 뿌리(문화, 조상)를 가진 사람들이 같은 에스닉에 속한다는 점이다. 이러한 상황에서 에스닉 운동가들은 통상적으로 역사 및 문화를 빌려 자기 에스닉의 기원을 주장한다. 이들은 자신의 에스닉 조상이 어떤 역사적 시기에 어떤 지방에서 하나의 독특한 집단을 형성하기 시작하였다는 것을 설명한다. 다음으로, 그들은 자신의 에스닉 선조들이 어느 시기에 지금 거주한 곳으로 어떻게 이주했으며, 자신 에스닉의 문화적 특성이 어떠한가(어떠한 언어를 사용하고, 어떠한 풍속과 습관이 있으며, 어떠한 특수한 문화가 있는지)를 설명한다. 에스닉 운동가들은 통상적으로 이러한 문화적, 역사적 소재를 사용하여 자신들이 어떻게 하여 매우 독특한 사회집단을 구성하게 되었는가를 설명하고 또한 이러한 방식을 통해 '우리는 누구인가'를 정의한다.

2) '에스닉'은 상대적인 집단 정체성이다

하나의 집단 정체성으로서 에스닉의 또 다른 중요한 특징은 이것이 일종의 상대적 정체성이라는 것이다. 상대성이란 사람들이 '우리는 누구인가'를 정의할 때 분명하게 '그들은 누구인가'로 대비시키는 것이다. '우리는 누구인가'를 정의하고자 할 때에는 우리가 다른 사람과 서로 다른 부분을 지적하여 대비시키는데 이른바 '우리'라고 정의할 때에는 사실상 '그들이 누구인가'를 규정하여 정의하는 것이다.[2] '그들'은 어쩌면 에스닉의 적이거나 박해세력일 수도 있다.

다종의 에스닉 분류라는 상황에서 어느 에스닉 분류라도 일반적으로 아주 분명하게 대비되는 분류를 가지고 있다. 예를 들면 일반적으로 현재 일반 민중들도 대만에는 4개의 주요 에스닉이 존재하여 대만이 다종의 에스닉의 상태에 있다고 본다. 그러나 만약 자세히 구분한다면 각 에스닉 유형마다(특히 약세 에스닉은) 매우 뚜렷이 대비되는 분류가 있다. 예를 들면 '본성인'은 '외성인'이라는 분류에 상대적인 것이다. '원주민'은 또한 '한인'에 상대적인 것이다.[3]

에스닉 분류의 상대성은 매우 명백하다. 이는 '우리'와 '타인'이라는 상대적인 관념으로 하나의 종류의 범위를 규정짓는다. 물론 이러한 상대적 특성은 에스닉에만 있는 것이 아니라, 모든 단체의 정체

2) Chang, Mau-Kuei(張茂桂)(1995), "From the Discovery of the Other to the Examination of Selfhood.", *The Humanities Bulletin*, 4: 77~84, Hong Kong: Chinese University.

3) 張茂桂(1999). 同 註1.

성은 대부분 이러한 현상을 가지고 있다. 그러나 여기서 특히 강조해야 할 점은 에스닉의 분류상상은 통상적으로 이들에게 중대한 사회적 의미를 지니며 서로 대립적인 집단을 명확하게 한다는 것이다. 이러한 대비성의 분류는 통상적으로 충돌과 대립관계에 있기 때문에 '적'을 규정하게 되며, 그리하여 중대한 사회적 의의를 갖게 된다. 직접적인 이익의 충돌이 없다면, 아무리 큰 문화적 차이라 해도 중요하지만 서로 무관한 차이감을 조성할 뿐 직접적인 '상대성'을 생산하지는 않는다.

그 외에 반드시 강조해야 할 점은 대비성의 에스닉의 귀속(그들)은 통상적으로 약세 에스닉이라고 생각되는 집단이 규정한 '우세 에스닉'이다. 우세 에스닉으로 규정된 집단은 반드시 자신들이 하나의 에스닉이라고 생각하지 않으며, 더구나 반드시 에스닉 의식을 가지고 있지 않다. 이와 같이 실질적으로 앞서 언급한 '한인'은 원주민들이 '범대만원주민'이라는 에스닉 의식을 발전시키는 가운데 규정하게 된 '박해자' 혹은 '우세 에스닉'이다. 즉 한인은 '원주민'과 대비되는 분류이다. 그리고 이른바 '한인'이라고 규정된 사람이라도 '한인'이 유의미하며 일체감을 갖게 하는 분류하고 생각하지 않을 수 있다. 이러한 분류는 반드시 스스로 약세 에스닉이라고 생각하는 논술과 한계의 설정을 통해 이해해야 하며 이를 규정한 사람의 의식을 통해서는 이해할 수는 없다.

3) 약세자의 '에스닉 의식'

에스닉의 세 번째 특징은 '에스닉'이 통상적으로 약세자의 공동체 분류상상이라는 것이다. 이는 에스닉 의식의 함의를 통해서 설명할 수 있다. 앞서 에스닉 분류의 '상대성'을 이야기할 때, 이미 에스닉 분류를 약세자의 집단 분류설정이라고 하였다. 만약 우리가 약세자의

'에스닉 의식'의 함의를 자세히 구분해 본다면, 여기에서 세 가지 각기 다른 차원과 다른 정도의 분류의식이라는 이념적 요소를 발견하게 된다. 에스닉 의식의 첫 번째 이념적 요소는 '차이에 대한 인지'이다. 에스닉 의식의 내용은 통상적으로 자신이 다른 집단과 문화, 조상, 뿌리 혹은 역사적 경험의 면에서 차이가 있다는 것을 지적한다. 이러한 주장을 뒷받침하기 위해 에스닉 운동가들은 통상적으로 에스닉의 선조가 누구이며, 어느 지방에서 기원되었으며, 어떻게 하여 그리고 왜 현재의 이곳으로 이주했는지, 과거에 어떠한 업적이 있었으며, 영웅은 누구 였는지 등을 포함하는 하나의 에스닉 뿌리에 대한 논술을 구성하게 된다.[4] 이러한 역사적 내용의 가장 중요한 목적은 내가 타인과 어떠한 차이점이 있고, 왜 같지 않은가를 서술하는 것이다.

두 번째 차원의 에스닉 의식의 요소는 '불평등 인지'이다. 이는 구성원들이 자신의 에스닉이 불평등한 대우를 받고 있다고 의식하는 것을 말한다. 이는 매우 중요한 요소이다. 에스닉 운동가들이 에스닉 의식을 구축하는 것은 통상적으로 그들이 문화(에스닉)적 신분 때문에 불평등한 대우를 받고 있다고 생각하기 때문이다. 사람들이 자신들의 고난이나 경제, 정치 및 사회 분야에서 받는 불평등한 대우를 쉽게 바꿀 수 없는 출신 성분에 그 원인이 있다고 결부시킬 때 진정한 에스닉 의식이 싹트기 시작한다. 이것은 집단 인식과 원인의 소재를 확립하는 과정이다.

애초에 어느 특정 개인의 불행이라고 생각하던 것이 비슷한 문화적 사회적 배경을 가진 자들이 비슷한 처지에 있다는 것을 알게 된 이후에는 이러한 불평등한 대우를 받는 근본적 이유가 공통된 에스닉 신분에 의한 것이라고 생각하게 된다. 이와 같은 불유쾌하고도 불행한

---

4) Anthony D. Smith(1984) "National Identity and Myths of Ethnic Descent,", *Research in Social Movements, Conflicts, and Change.* 7: 95~130, Greenwich, Conn.: JAI Press.

상황에는 정치권력을 박탈당하고, 교육의 기회가 제한되어 있고, 실질적으로 얻을 수 있는 경제적 보수도 적고, 문화가 우세한 에스닉에 의해서 폄하되고 있는 다양한 형태의 차별대우 등이 포함될 수 있을 것이다.

'불평등 인지'는 통상 '약세자'의 의식이다. 오직 약세자만이 자신이 이러한 대접을 받는 것이 자신의 문화적 신분과 관계가 있다고 생각한다. 우세자는 스스로 하나의 에스닉에 속해 있다고 생각하지 않고, 자신이 좋은 대우를 받는 것이 자신의 신분과 관련되어 있다고 생각하지 않는다. 예를 들어 미국에서 흑인들은 자신들이 차별대우를 받는 것이 자신들의 에스닉과 관련이 된다고 생각하지만, 백인들의 경우는 자신들이 우월한 지위를 갖고 좋은 보수를 받는 것이 백인이라는 신분과 관련되어 있다고 생각하지는 않는다. '우세 에스닉'은 통상적으로 자신의 성취와 우세한 지위가 개인적 노력과 상대적으로 머리가 좋은 것으로 인해 나타난 결과이지, 자신이 약세자를 착취하여 누리고 있는 것이라고 생각하지 않는다.

약세자들이 에스닉의 불평등 인식을 확산하기 시작할 때, 그들은 과거의 우세한 에스닉이 합리화해놓은 불평등한 분배체계와 결과에 대해 항거하게 될 것이다. 우세자들은 통상적으로 사회의 일부 사람들이 차별적 보수와 분배를 받고, 불리한 상황에 처한 것은 자신들의 노력의 부족과 머리가 나빠서이지, 체계적 차별을 받아서는 아니라고 생각한다. 우세자들은 통상적으로 사회에는 어떤 불공평이 존재한다고 생각하지 않는다. 약세 에스닉의 불공평에 대한 인식은 그러므로 구조적으로 약세자의 입장에서 나온 것으로서 우세자들의 이념으로서 세계를 이해하는 관점에 대해 상대적이다.

에스닉 의식의 세 번째 요소는 '집단행동의 필요성에 대한 인식'이다. 사람들은 일단 자신이 다른 사람들과 문화적으로 다르고, 또한 이로 인해 자신들이 차별당하거나 불평등한 대우를 받는다고 생각하게 되면, 그 중 일부는 집단행동을 해서 이러한 불공평한 상황을 개선해야 한다고 생각한다. 이러한 요소는 통상적으로 두 개의 세부적인 내용을 포함한다. 하나는 외부인의 정치정세가 이러한 도전을 수용하느냐 하는 집단행동이 성공할 수 있는 기회에 대한 판단이다. 두 번째는 에스닉 구성원들을 어떤 식으로 독려하여 그들이 개인의 희생을 무릅쓰고 에스닉의 집단행동에 가담할 수 있도록 하느냐 하는 것이다. 두 내용간에는 서로 관련성이 없어 보이지만 사실은 매우 밀접하게 관련되어 있다(에스닉 의식의 내용에 대해서는 〈그림 2-1〉을 참고하라).

위의 세 가지 요인은 각기 정도의 차이가 있는 에스닉 의식이라고 할 수 있다. 그러나 모든 에스닉 의식이 반드시 세 가지 요인을 구비하면서 발전하는 것은 아니다. 혹자는 자신이 다른 사람과 문화적, 사회적 차별이 있다고 의식하지만, 에스닉간의 불공평이 있다고 생각하지 않기 때문에 집단행동을 해야 한다는 필요성을 느끼지는 않는

〈그림 2-1〉 에스닉 의식의 내용

차이의 인지	역사적 경험과 문화적 특징 선조가 누구인가? 어떻게 이주했는가? 과거의 영광, 고난, 영웅, 문화적 특징
불평등 인지	우리(약세) vs. 그들(우세) 과거 압박받았던 분야: 정치권력, 경제적 이익, 언어, 문화, 사회적 지위
집단행동의 필요성 인지	에스닉 운동의 목표 정치·경제·사회적 평등: 문화·언어·역사적 기억, 정체성, 존중받음

다. 마찬가지로 어떤 사람은 차별이 있고, 확실히 불공평한 현상이 존재한다고 확인하지만 집단행동으로 현상을 변화시키려고 하지 않는다. 예를 들어 에스닉의 구성원이 너무 적고, 정치적 영향력도 없을 때 집단행동을 하는 것은 시간과 정신을 허비하는 것과 같다. 따라서 위의 세 가지 요인은 에스닉 의식의 세 가지 서로 다른 발달단계라 할 수 있다. 완전히 발전된 에스닉 의식은 제3단계, 즉 에스닉의 정치행동단계에 이른다. 다시 말하면 이는 또한 유형(有形)의 에스닉 운동을 말하는데 이는 동족의식의 조직기반을 구축하고 홍보함으로써 에스닉 의식을 충분히 발전시킬 수 있다.

4) '에스닉'의 위상과 규모

집단정체성으로서 에스닉의 특징은 에스닉의 위상과 규모 등으로도 파악할 수 있다. 다른 집단과 비교해 볼 때 에스닉은 대략적으로 '민족'과 '국가'라는 비교적 큰 사회단체와 '가족'과 '지역단체'와 같은 비교적 작은 규모의 사회단체 사이에 놓여 있다는 것을 발견할 수 있다. 다시 말해서 '에스닉'의 규모는 사실상 가족, 지역 단체보다 훨씬 크지만 민족보다는 작아서 전적으로 이와 같은 경우는 거의 없다. 그러므로 에스닉이란 통상적으로 '국가' 혹은 '민족'이라는 범주 내에서 상이한 문화를 지닌 사회집단으로 인식된다. 그러나 이러한 사회집단은 규모 면에서 '가족'보다 크기 때문에 유사가족 혹은 확대된 가족이라는 공동체로 분류되고 있다. 에스닉 상상에 있어서, 구성원은 조상들이 이주의 경험이 있다는 것을 인식하고 현 사회로 이주한 이후 구성원들이 공통의 상황에 직면하고 있다고 생각한다. 이와 같은 공통된 경험과 처지는 그들로 하여금 나의 에스닉에 대한 정체성을 발전시켰다. '에스닉'이란 종종 한 무리의 사람들이 자신이 처한 불리한 지위를 개선하려고 집단행동을 취하기 위해서 역사를 새롭게 해석하고, 새로운 정체성을 구축함으로써 생산되는 공동체 분류방식이다. 에스닉 운동가들이 자신이 생각하고 있는 잠재적인 에스닉의 규모를 지나치게 작게 평가할 때, 예를 들어 수백 명, 수천 명 … 이라고 할 때 '에스닉'은 현대사회의 민주제도하에서 그다지 정치적 영향력이 충분하다고 할 수 없고 따라서 목표를 달성하기 어렵다. 그러므로 에스닉 단체의 규모는 보통 가족 혹은 지역단위 단체보다 크고, 나름대로의 정치행동차원의 고려가 있어야 한다. 현재 대만사회에서 공인된 몇몇 주요한 에스닉들은 그 인원과 규모면에서 상당히 크다. 규모가 가장 작다는 '원주민'은 대략 40만 명이 되고, 가장 큰 '민남인'은 그 수가 적어도 1천만 명 이상이다.

에스닉 집단의 규모는 상당히 크기 때문에 개개인이 사실상 자기 에스닉의 구성원들을 다 안다는 것은 불가능하다. 다시 말해 사람들이 인정하는 '에스닉 단체' 중에서 상당히 많은 사람들이 서로 얼굴을 본 적도 없으며, 서로 얼굴을 맞댈 기회도 없었다. 그러나 에스닉 의식은 사람들로 하여금 이러한 사람들과 자신이 같은 에스닉에 속한다고 생각하도록 하며 서로 유사한 가족의 혈연 혹은 문화적 유대관계를 만들어 낸다. 이와 같은 친근한 관계의 수립과 유지는 상당 부분이 사실상 자신의 '상상'(*imagination*)의 결과이다.

어떤 에스닉 의식이 강한 사람들은 낯선 자들이 자기와 같은 에스닉 배경이 있다고 생각하는 경우 즉각적으로 친근감을 느끼게 된다. 따라서 그 사람들을 대하는 방식은 다른 에스닉을 대하는 방식과 다른 방식을 취하게 된다. 개인의 에스닉 인식 혹은 에스닉 정체성이 강할수록 혹은 사회에서 에스닉 간 충돌이 점차 치열해질수록 이러한 현상이 더욱 두드러진다. 상술한 사회의 상호관계에서 학습으로 취득한 '에스닉 상상'은 사람들로 하여금 같은 에스닉에 속한 사람들에게 특별한 친근감을 갖게 한다. 또한 이러한 상상은 다른 에스닉의 사람에게는 마음의 벽을 쌓게 하거나 마음을 열지 못하게 하기도 한다.

5) '에스닉'은 하나의 공동체 분류의 상상 :

공동체 부류의 상상이란 다른 에스닉도 사람으로 인정하고, 단지 평등만을 요구하거나 혹은 타에스닉이 자신들의 독특성을 존중해주기를 원하는 것이다.

상술한 관점에서 본다면, 에스닉은 사실상 공동체 분류의 상상이라고 간주할 수도 있다. 우리들은 사회에서 서로 다른 사람들간에 어떤 사람들이 나와 관계가 있으며, 또한 어떠한 관계가 있느냐에 대한 상상을 한다. 따라서 에스닉에 대한 상상은 이 가운데 하나의 관계의 형식이다.

우리는 하나의 사회 혹은 국가 중에서 일단의 많은 사람들이 공통된 뿌리가 있기 때문에 당신과 내가 같은 에스닉에 속한다고 상상한다. 이러한 상상이 지닌 특별한 점은 비록 '나의 에스닉', '너의 에스닉'은 구분할 수는 있지만, 나의 에스닉의 구성이나 너의 에스닉의 구성원은 모두 '사람'이라는 점이다. 다시 말해 에스닉의 분류방식에서 서로 상이한 에스닉은 다만 상이한 문화가 있을 뿐이다. 에스닉과 에스닉 사이에 반드시 높고 낮음이 있다는 것은 아니며, 어느 에스닉이 타에스닉에 비해 우수하다는 것이 아니다. 서로 단지 차이만 있을 뿐이며 서로가 상대의 문화적 차이와 특성을 상호 존중하기를 희망한다. 나아가 그 수가 지극히 적은 경우와 문화가 단절에 직면한 집단에 대해서는 그들이 문화를 유지할 수 있도록 도와주어야 한다.

2. '에스닉 정체성'과 '에스닉 상상'의 현대성

1) 에스닉의 공동체 분류상상은 매우 근대적인 발명품이다

에스닉과 같은 공동체의 분류방식과 공동체 분류상상은 아주 새로운 개념이다. 역사적으로 볼 때 이러한 개념이 인류사회에 나타난 것은 200년도 채 되지 않았을 것이다. 그렇다면 과거의 사람들은 '타인'을 어떻게 생각하였는가? 2~3백 년 전 당시 사람들은 자신과 체질적 특징, 외관, 문화, 풍속, 습관, 언어가 다른 사람(外人)을 만났을 때, 기본적으로 모두 상대를 '사람'(人)으로 취급하지 않았다. 과거 중국인에 의하면 '나와 에스닉이 다른 경우는 그 마음도 반드시 다를 것이다'라고 하여 이들을 자신들과 다른 '변방'—중토(中土)의 상대적 개념인—주민이라 하여 동물에 비유하였다. 그 사람들을 '오랑캐의 나라'(蠻夷之邦)라고 부르고, 이들을 개화가 되지 않은 사람들이라고 불렀다. 중국왕조는 통상적으로 각종 동물의 명칭을 사용하여 사방 이웃의 외부인들을 기술하거나 호칭해왔다. 예를 들어 동이(東夷), 서적(西狄), 남만(南蠻), 북강(北羌)을 사용하였는데, 이는 견(犬)자변, 양(羊)자변, 충(虫)자변이 붙은 글씨로 자신들과 명백히 상이한 이웃을 호칭해왔다. 과거 중국인의 관념상 중국문화의 교화를 받지 않은 외지인들은 애초부터 사람이 아니었다.

그러나 과거에 단지 중국 사람들만이 이런 방식으로 외국인들을 대했겠는가? 세계 각지의 원주민 혹은 과거의 이른바 '야만민족'들도 사실은 다 이와 유사한 방식으로 이방인을 보아왔다. 원주민을 연구하는 인류학자들은 대만의 아미족, 태아족 등 9개 에스닉의 명칭—예를 들어 'Amis'는 한어로 '아미족'(阿美族)이다—과 같이 사실상 그들의 언어에 의하면 이는 '사람'을 의미한다는 것을 발견했다. 이는 그들이 최초로 인류학자와 접촉한 상황과 관련이 있다. 인류학자들이 최초로 대만의 원주민 마을에 도달하여 서로를 소개할 때, 자신을 가리켜 "나는 토리이 류조우(鳥居龍藏)(일본인 인류학자)입니다"라고 하고, 상대를 지적하며, "당신은 누구입니까?"라고 했을 때 "나는 아미(Amis)입니다"라고 대답했기 때문에 이를 음역하여 아미족이 되었고 아미족의 언어를 쓰는 사람의 대명사가 되었다. 그러나 아미족의 언어 속에서 아미(Amis)는 '사람'이라는 의미이다. 여기에 숨은 뜻은 아미족 사람들은 사람인데 외지인은 사람이 아니라는 것을 의미한다. 현재 세계 각지의 많은 원주민들에게 제일 먼저 너는 누구냐고 물으면 대부분이 나는 '사람'이라고 말한다. 여기에서 우리는 3~4백 년 전에 인류사회에 보편적으로 '외부 사람'에 대한 관점은 다르다는 것을 알 수 있다. 당시에는 자신과 신체적 특징, 문화, 풍속, 언어가 같은 경우에만 같은 종류의 사람이라고 여겼다. 나머지는 전부 '사람'이라는 권역 밖으로 분류시켰다. '외부 사람'은 동물이라고 칭하지는 않는다고 해도 최소한 우리보다 못난 종족이라고 칭했다.

유럽의 제국주의와 식민주의는 확장기에 아시아, 아프리카, 호주 등의 원주민에 대해서 항상 '종족주의'(*racism*)라는 관념으로 그들을 대했다. '종족주의'사상은 단순히 말하자면 체질적으로 생물학적 조상이 다르고, 서로 다른 사회 문화를 생산하며, 서로 다른 문화 간에는 높고 낮음과 우세하고 부족한 부분이 있다고 본다. 종족주의는 특정 종족이 다른 종족보다 무엇인가 우수하다고 생각한다. 이러한 주장에 숨어있는 의미는 유럽 이외의 유색인종들은 유전적으로 열등하고, 문화가 낙후되어서 '백인종(식민자)의 짐'이 되고 있다고 설명하기에 이른다.

과거 사람들에게 보편적으로 같은 종류가 아닌 외부인들도 평등한 인류라는 인식이 없는 상황에서 '인류는 모두 평등하다. 다만 문화적 혹은 실질적인 체질적 차이가 있지만 이는 높고 낮음의 구분이 아니다' 라는 주장은 아주 새롭고 혁명적인 사고이다. 오늘날 모든 사람들에게 습관화되어 일상화된 '에스닉 상상'은 인류사회에 큰 진보이다.

현대인들은 사회 속에서 한 번도 만난 적이 없는 각양각색의 남녀노소들이 자신과 공통의 선조와 문화를 갖고 있기 때문에 자신들과 같은 에스닉이라고 생각한다. 반대로 또 다른 일단의 사람들은 선조의 뿌리와 문화가 다르기 때문에 다른 에스닉이라고 생각한다. 현대인들은 2~3백 년 전의 사람들을 '에스닉 이전의 사람들'이라고 한다. 이들은 근본적으로 이러한 방식으로 자신과 타인의 관계를 상정하지 않았다. 옛날 사람들이 상상한 사회적 관계는 이웃, 구역, 가정, 친지, 가족, 씨족, 영주, 군왕, 나아가 '민족'이었지 '에스닉'은 포함되지 않았다. 그러므로 현대인들에게는 매우 당연하게 보이는, 즉 모든 사람들이 에스닉 신분이 있고, 나의 에스닉과 타의 에스닉이 구분되지만 평등하다는 생각을 하게 된 것은 지극히 최근의 현상이다.

구체적으로 말해서 근대인류의 역사상 '타자'를 보는 방식은 서로 다른 다양한 방식이 생산되곤 했다.[5] 첫째는 '종족주의'(*racist*) 식의 관점인데, 이는 식민주의, 제국주의와 연관되어 식민통치의 필요와 관련이 있다. 이들은 인종을 생물적인 차별의 높고 낮음으로 구분하면서 원주민에 대한 식민통치를 합리화시켰다.

두 번째 공동체 분류방식은 대략 3백 년 전에 출현했는데, 이는 바로 '민족주의'(*nationalist*) 적 분류방식이다. 민족주의 사조가 출현했을 때 사람들은 세상에 무수히 많은 나와 다른 사람들 — 곧, 민족 — 이 공존하고 있다는 것을 알게 되었다. 민족주의적 공동체 분류방식은 최초에는 피식민통치하에 있는 약세자가 식민통치자와 제국주의자들에게 항거하기 위해 시작되었고 이로 인해 서서히 자신들에 대한 정체성이 나타나게 되었다. 이러한 사상은 세계에는 많은 상이한 민족이 있을 때, 각 민족은 반드시 자신의 국가를 갖거나 혹은 자신의 정치체

5) 張茂桂(1999). 同 註1.

제를 가져야만 세계평화를 유지할 수 있다는 것을 강조하고 있다.[6]

세 번째 공동체 분류는 이 책이 이야기하는 '에스닉'의 분류방식이다. 에스닉이라는 분류방식은 사회적 약세 에스닉이 우세 에스닉의 압박에 대해 항거하거나 저항하기 위해서 생산해낸 일종의 새로운 공동체의 분류방식이다.

이상에서 알 수 있는 것은 상이한 역사적 시기에 성장한 사람들의 공동체 분류방식은 서로 매우 다른 것이라는 점이다. 그러므로 에스닉 상상은 매우 근대적인 현상이다.

2) 구체적인 에스닉 분류의 각기 상이한 시간상의 변이성

지금까지 '에스닉 상상'의 현대성에 대해 이야기하였는데, 중요한 것은 비교적 거시적인 역사적 관점에서 볼 때 에스닉이라는 공동체 분류상상은 매우 근대적인 것이라는 점이다. 만약 비교적 미시적인 관점에서 하나의 사회를 관찰하여 유의미한 에스닉의 분류를 찾아낸다면 그 구체적인 에스닉 분류가 일반적으로 계속 변하고 있다는 것을 발견할 수 있다. 각 사회에서 사람들이 에스닉을 어떻게 분류할 것인가는 시대적으로 변화가 크다.

예를 들어 누구에게나 익숙한 대만의 '4대 에스닉'이라는 분류방식은 장마오궤이〔張茂桂〕에 의하면 이것이 공식적으로 출현하게 된 것은 10년이 채 되지 못했다.[7][8] 이러한 구분은 가장 이른 시기라 해도

---

6) 민족주의에 대한 사고방식의 기원에 대해서는 민족주의를 연구한 아일랜드 학자인 Benedict Anderson의 저서 *Imagined Communities: Reflection on the Origin and Spread of Nationalism*(London: Versa 1991)을 보라.

7) 張茂桂(1997), "臺灣的政治轉型與政治的'族群化'過程", 《族群政治與政策》, (教授論壇專刊4), pp37~81, 臺北: 前衛出版社.

8) 역자 주: 이는 이 책이 출간된 2003년을 기준으로 볼 때이다.

〈한성〉(漢聲)잡지 제 19, 21기 표지

대략 1993년경이 될 것이다. 당시 예쥐란〔葉菊蘭, 당시 민진당 입법위원〕이 이의를 제기한 바 있다. 그러나 현재 많은 사람들이 이를 기억하지 못한다. 사실 1993년 이전 대만사회에서 중요한 에스닉 분류가 무엇이었는지 알고 있는 사람은 거의 없을 것이다. 더욱 중요한 것은 이와 같은 '4대 에스닉'이라는 분류의 방식이 에스닉 간의 경계를 뚜렷이 하여 마치 이것들이 오래전부터 있었던 것 같은 느낌을 갖게 한다는 것이다.

그렇다면 정말 그러한가? 실질적인 실례를 통해 이를 자세히 살펴보아야 한다. 오늘날 일반인들이 대만의 '민남인'을 이야기할 때, 대부분의 사람들은 민남인의 문화와 정체성이 4백 년의 역사를 지니고 있다고 생각한다. 이 또한 린짜이샤〔林再復〕가 쓴 《민남인》(1986)에서 제시한 것이다. 그러나 필자의 연구에 의하면 현재의 상태에 이른 것은 30년도 채 되지 않는다. 청조시기에는 스스로 '민남인'이라고 생각하는 사람들이 없었고, 대신 '장주인'(漳州人)이라는 신분이 중요시되었다. 왜냐하면 '장주' 혹은 '천주'(泉州)라는 구분이 그들에게 의미가 있었기 때문이다. 청조시기에 발생한 민남인과 객가인 간 혹은 장주인과 천주인의 분리무력충돌의 경험이 한족 이민자들의 조상에 대한 공동체적 분류를 강화하였다. 그러나 이러한 식의 공동체의 구분은 오늘날의 '에스닉 상상'과는 같다고 할 수 없다.

분리무력충돌이 발생할 때, '먼 친척보다는 이웃사촌이 낫다'는 것은 타인이라도 같은 편에서 싸움을 하는 경우에는 바로 같은 족속이 된다는 것을 의미한다. 분리무력투쟁의 대상들은 대부분이 매우 현실적인 토지, 수리 혹은 기타 경제적 이익들이며, 애초부터 지금의 '에스닉 충돌'과 같은 언어, 혹은 문화분야의 권리 혹은 영광을 위한 다툼은 아니었다. 설사 같은 조상의 피를 받았다 하더라도 현실적인 이익의 충동 때문에 무력충돌의 반대편이 될 수 있다. 현재 '민남인'이라고 규정되는 사람들의 이전 사람들은 '객가인'을 만났을 때 혹은 객가인들의 용어를 통해서만이 존재하는 상대적인 개념이며, 스스로를 '복료'(福佬, *holo*)라고 하거나 그렇게 불린다. 그러나 '*holo*' 역시 '객가'(客家, *Hakka*)라는 애매모호한 명칭의 상대적인 개념이며, 여기에는 — '민남인'이라고도 할 수 없는 — 당시 대만에 있던 모든 '복료인'들을 포함하지 않았고, 자신과 특별한 관계가 있는 정체성의 상상을 포함하고 있지도 않았다.

일본통치시기 식민정부는 분리투쟁을 엄격히 금지하였다. 더욱이 식민통치 초기에 대만의 본토인들에 대한 탄압은 민남, 객가, 장주의 구분이 없었기 때문에 대만사람들은 공통된 외래의 적으로 인해 일시적인 내부의 충돌과 대립을 일단 유보시킬 수 있었다. 그러나 민남과 객가 간의 문화적 지리적 분포의 차이는 여전히 지속되었다. 일본식민정부는 대만주민들의 원적의 분포에 대한 분류와 통제작업을 진행할 때, 민남인과 객가인 간의 언어와 문화의 차이를 유념하였고, 그리하여 대만계 한족의 조상의 구분은 '복건'과 '광동'의 원조로 나뉘었다(〈표 2-1〉을 보라). 이러한 분류가 전해오는 과정에서 오류가 개입되어 복건인들이 지금의 민남인으로, 광동인은 객가인으로 변화되었다. 그러나 이러한 구분방식은 원적이 민남 북부지역의 정강(汀江) 유역인 복건인들이 대부분 객가인(비록 인구비율은 매우 낮지만)이라는 사실을 간과하였다. 게다가 '원적은 복건이다', '원적은 광동이다'라는 것은 당시에는 국가의 주민의 통계적 분류일 뿐이지, 일반인들의 생활 속에서 받아들여지는 신분과 정체성은 결코 아니었다. 대만의 민중들간에는 식민통치로 인해 '본도인'(本島人) 혹은 '한인'—'일본인'과 '내지인'의 상대적인 의미—에 대한 정치적 정체성이 출현한 것 외에는 일반인의 일상생활과 민속문화 속에서는 민남/객가, 장주/천주 그리고 복료와 객가 내부에는 민월(閩粤)의 두 개의 성 중에서 각 주

〈표 2-1〉 일본식민정부의 대만 한인(漢人)의 원적에 따른 구분과 인구통계자료 (1926년)

<table>
<tr><th colspan="3">지 역</th><th>인구수
(백 명)</th><th>전체인구에서
차지하는 비율(%)</th></tr>
<tr><td rowspan="8">복건성</td><td rowspan="3">천주부</td><td>安溪</td><td>4,416</td><td>11.8</td></tr>
<tr><td>同安</td><td>5,531</td><td>14.7</td></tr>
<tr><td>三邑(安南, 惠安, 晉江)</td><td>6,867</td><td>18.3</td></tr>
<tr><td>장주부</td><td></td><td>13,195</td><td>35.2</td></tr>
<tr><td>정주부</td><td></td><td>425</td><td>1.1</td></tr>
<tr><td>룽암주</td><td></td><td>160</td><td>0.4</td></tr>
<tr><td>복주부</td><td></td><td>272</td><td>0.7</td></tr>
<tr><td>영춘부</td><td></td><td>205</td><td>0.5</td></tr>
<tr><td colspan="2">합 계</td><td></td><td>31,164</td><td>83.1</td></tr>
<tr><td rowspan="3">광동성</td><td>조주부</td><td></td><td>1,348</td><td>3.6</td></tr>
<tr><td>가응부</td><td></td><td>2,969</td><td>7.9</td></tr>
<tr><td>혜주부</td><td></td><td>1,546</td><td>4.1</td></tr>
<tr><td colspan="2">합 계</td><td></td><td>5,863</td><td>15.6</td></tr>
<tr><td colspan="2">기 타</td><td></td><td>489</td><td>1.3</td></tr>
<tr><td colspan="2">총 합</td><td></td><td>37,516</td><td>100.0</td></tr>
</table>

출처 : 臺灣總督府官房調查課, 《臺灣在籍漢民族鄉貫別調查》, 昭和三年(1928年), pp. 4~5 〈표 1〉.

부(州府) 간의 구분이 있고 거기에 사회적 의미가 있을 수 있다.

대만의 광복 초기, 현재 이른바 '민남인'(혹은 당시의 대만인) 중에서 북부인, 남부인, 고웅(高雄)인의 차이가 상당히 컸다. 많은 사람들이 '민남인'이라는 개념조차 없었고 민남인의 의식과 정체성은 더욱 말할 것도 없다. 우리가 '민남인'이라는 단어가 출현하게 된 시기를 자세히 고찰하면 이는 대략 1960년대에서 1970년대 경 전후일 것이다. 게다가 '민남화'(閩南話) 라는 말이 먼저 있고 난 다음에 '민남인'이라는 용어가 쓰이기 시작했다.

그러면, 왜 '민남'이라고 칭하게 되었는가? 기실 대만의 '본성 민남인'들의 조상들은 확실히 대부분 복건성 남부의 각 주부에서 대만으로 이주했다. 〈표 2-1〉에서 나열한 복건의 각 주부는 분명 복건성의 남부지방에 있다. 그러므로 '민남인'이라는 칭호는 정확한 표현이다.

그러나 만약 우리가 복건 남부지방에서 이민온 사람들 중 현재 각각 다른 국가(대만 및 동남아시아)에 거주하는 사람들을 볼 때, 청조 시기의 '민남인'이라는 용어는 전후 대만 내에서만 사용된다는 것을 알 수 있다. 싱가포르나 말레이시아도 청조 때 복건 남부지방에서 이민 간 사람들이 많다. 초기에 복건 남부지역에서 이민 온 사람들의 후손은 우리가 지금 말하는 '민남화'를 여전히 사용하고 있다. 그러나 이들은 이 언어를 '복건화'(福建話) 라고 한다. 이는 당시에 중국인 이민자들은 전부 복건성 남부지방에서 이민 간 사람들이고, 복건 이외의 지역 사람들과 비교할 것이 없었다. 따라서 스스로에게나 다른 사람들에게 자신들이 쓰는 말을 '복건화'이고, 또한 스스로를 '복건인'이라고 했고, 이는 아무런 문제가 없었다.

그러나 1949년 국민정부가 대만으로 천도한 이후 많은 '외성인들'이 복건성의 다른 지방에서부터 대만으로 이주했다. 이 중 복건성 북부의 일단의 '객가어'를 사용하는 '객가인들'은 주로 동족 변두리에 자리 잡았는데, 그 당시 '천주어'와 '조주어'(潮州語) 를 사용하는 사람들이 상당수 있었다. 이들의 언어는 현재의 '민남어'와 상당한 차이가 있다. 대만 외성인 이민자 중에도 복건성 출신이 가장 많았고 또한 그들은 복건성에 많은 방언이 있다는 것을 알고 있었기 때문에, '대만어'는 복건성 남부지방의 방언에 비교적 가까웠고, 게다가 제1세대 대만이민 복건인들이 상당수 중앙정부기구에서 근무했고, 국가정책결정에 많은 영향을 미쳤다. 그리하여 그들은 이러한 언어를 '민남어'라고 하게 되었다.

그러다가 에스닉 상상이라는 것이 1980년대 출현하게 되자 비로소 '민남어'를 사용하는 에스닉을 '민남인'이라고 부르기 시작했다. 사실상 대만사회에서 '에스닉'이라는 개념이 나타나기 전에는 민남인들과 객가인들이 통상 인류학자에 의해 '방언족'이라고 불리었다.[9] 그러므로 '민남어'라는 이러한 명칭은 사실상 정부가 당시 많은 본성인들이 사용하던 말을 '대만어'라고 인정하지 않으려는 생각으로 이를 폄하된 방언으로 호칭하기 위해 개발한 하나의 대안적인 명사이다. 이는 국가기관이 상명하달식으로 강력하게 만들어내어 민중들로 하여금 억지로 받아들이게 한 공동체 분류이다.

그러므로 이른바 '민남인'이라는 주장은 지극히 최근의 발명품이며, 사회에서 일반사람들이 알고 있듯이 이미 존재하여 아주 오랜 기간 존재하던 것이 아니다. 이와 유사한 상황이 '원주민'의 분류에서 나타난다. '원주민'이라는 용어가 나타난 것도 20년이 채 안되는데도, 원주민 운동가들은 '원주민들이 수백 년간 핍박을 받아왔다'고 종종 말하고 한다. 대다수의 에스닉 분류는 모두 그 시대의 분류이다. 에스닉의 구별 또한 항상 분화와 통합의 과정을 거치고 있다.

---

9) 예를 들면, 중앙연구원 민족학연구소가 1989년 주최한 '에스닉 관계 및 지역발전 세미나'에 참석한 학자 마이류팡〔麥留芳〕, 좡잉장〔莊英章〕 등은 민남인과 객가인을 '방언군'(方言群)으로 호칭하였다. 〈中央硏究員民族硏究所〉 제67기를 보라.

3) 에스닉 의식은 에스닉 운동이 만들어 낸 결과이다

에스닉 상상의 근대성은 '에스닉'을 하나의 공동체 분류방식으로 나타내기 시작한 역사가 200년이 채 안 되는 비교적 장기적인 요소와, 어느 사회이든 에스닉 분류의 구분이 끊임없이 변화한다는 단기적인 요소라는 양쪽 측면에서 보는 것 이외에도, '에스닉 의식'을 현재 에스닉 운동이 만들어 낸 결과라고 보기도 한다.

에스닉 의식의 탄생과 관련하여, 과거에는 일반적으로 비교적 '원생(原生) 연대' 혹은 '상황론'의 해석에 치우쳐 있었다. '원생연대'의 주장자들은 어떤 에스닉이 에스닉 의식을 가지고 있는 것은 구성원들이 본래 독특한 문화, 풍습, 언어를 가지고 있기 때문에 자연스럽게 이러한 문화를 공동으로 향유하는 구성원들간에 의식적으로 자신들이 이러한 에스닉에 속하고, 그래서 다른 집단과 구별된다는 생각을 하게 된다는 것이다. '상황론'자들은 에스닉 의식이란 에스닉 구성원이 새로운 환경에 적응하기 위한 필요에 의해 생겨난 것이라고 한다. 항상 이는 이민자들이 특정사회로 이주한 후 새로운 사회에서 정치적 혹은 경제적 우위를 쟁취하기 위해서 기존에 있던 혹은 원래는 없었던 에스닉 정체성을 더욱 강화하는 것이다.

두 주장의 가장 큰 차이는 에스닉이 접촉하여 '문화적 일체화'라는 것이 발생할 때, 그들이 에스닉과 에스닉 의식이 계속 존재할 것인가에 대해 매우 다른 관점을 보이고 있다는 점이다. '원생연대론'자들은 에스닉 문화의 특질을 에스닉 존재의 본질이라고 강조하기 때문에 문화의 독특성이 사라지면 에스닉 또한 사라진다고 본다. 반대로 '상황론'의 각도에서 본다면, 에스닉 구성원간에는 에스닉간 접촉의 결과로 인해 문화적으로 이미 점점 유사해지고 있어서 자신의 특수한 문화적 특성을 유지하지 못한다.

그럼에도 불구하고 현대사회와 같이 에스닉의 접촉이 비교적 자주

일어나는 상황에서는 에스닉의 문화적인 특수성의 유지란 쉬운 일이 아니므로 '상황론'의 설명이 비교적 에스닉 정체성과 의식의 특징을 설명할 수 있을 것이다. 그러나 상황론적 해석은 여전히 과거의 에스닉 집단의 존재를 가설하고 있는 듯이 보이므로 현대사회에서 에스닉 의식 부활의 전제를 구성한다. 새로운 사회적인 감정의 경계의 필요로 인해서 이른바 '오래된' 에스닉 정체성이 동원된다. 그러나 만약 상세히 구별하여 설명하면 현대사회에서 동원된 에스닉 의식과 에스닉 정체성은 비록 일상적으로 오래된 정체성 위에 구축된 것이라고 한다 하더라도 에스닉 공동체의 범주와 경계, 문화와 사회적인 특성, 그리고 적수(적이 되는 에스닉)에 대한 관계에 대한 서술은 통상적으로 현대적인 수요와 관련되기 때문에 과거와는 상당히 다른 차이가 있다. 즉 의식에 대해 말하자면 이러한 에스닉 정체성의 의의는 새로운 사회적 구조의 결과이다. 게다가 '에스닉 정체성' 혹은 '에스닉 의식'의 구조는 에스닉 운동의 각도에서 이해될 수 있다.

예를 들어 설명하자면, 중앙연구원 민족학연구소의 린메이룽〔林美容〕 교수는 대만 중부지역의 다수의 6~70대 노인들을 대상으로 하여 그들이 비교적 '장주와 천주(두 가지 모두 현재 우리들이 말하는 이른바 '민남인'의 범주에 속한다)' 간의 문화적 구분을 강조하고 비교적 '민남과 객가' 간의 차이를 덜 강조한다는 것을 현장조사를 통해 연구하였다. 이때 문화적 차이의 내용의 설명은 반드시 사회적 맥락에서만 해석될 수 있다.10)

---

10) 林美容(1990), "族群關係與文化分立", 〈中央研究院民族學研究所集刊〉 제69기, pp. 93~106을 보라. 비록 저자가 청조시기의 '장주와 천주'의 분류는 현재 우리가 말하는 이른바 에스닉과는 의식과 형태에 있어서 상당한 차이가 있고 더욱이 '에스닉'의 개념으로 이러한 종류의 구분을 토론하기를 원하지 않는다고 하여도, 청조시기 장주간의 공동체 구분과 문화적인 차이 간의 관계는 현대의 에스닉에 대해서도 그 연구의 가치를 일깨워주는 작용을 하기 때문에 이 글에서는 여전히 이러한 예로서 토론의 의제로 삼고자 한다.

린메이룽은 현장조사시 인터뷰 과정에서 6~70대 노인들의 구전에 의거하여 장주인과 천주인 간의 문화상의 상당히 큰 차이를 발견했다. 예를 들어 두 집단 언어의 억양이 서로 다르며〔천주인들의 복료화의 억양은 장주인들이 들을 때 '해구(海口) 억양'이 있다〕, 그들이 사용하는 향로 또한 다르다는 것〔장주인들은 세 개의 동그란 귀를 가진 천공로(天公爐)를 사용하지만 천주인들의 것은 네 개의 귀를 가졌다〕, 조상에 제를 지내는 날짜 또한 서로 다르다〔장주인들은 청명절(淸明節)에 제를 드리지만 천주인들은 '3일절'(三日節), 즉 음력 3월 3일에 제를 드린다〕는 것이다. 일할 때 쓰는 모자 또한 차이가 있다. 그 밖에도 상당히 많은 문화적 차이가 있는데 자세한 것은 린메이룽의 글을 보길 바란다.

이러한 비교적 남성적인 관점에서 관찰될 수 있는 차이〔신주(神主)의 위치, 향로 혹은 언제 제를 지내는가〕 이외에도 일반인들간에 '장주와 천주' 간의 문화적 차이를 설명하는 방식은 여전히 많이 있으며, 여기에 비교적 여성적 관점에서 주의를 끄는 것들이 있다. 예를 들면 천주인들간에는 '장주인들은 남은 음식을 다시 먹을 때 주로 쪄서 먹는다'라는 말이 있다. 이러한 설명이 존재하며 전해온다는 것은 양자간에는 서로 차이를 느낄 수 있는 상당한 문화적 차이가 있다는 것을 말한다. 또한 피차간 상당한 적의가 있다는 것을 알 수 있는 예로부터 전해오는 격언들이 있다.

일반인들은 이러한 문화적 차이로 '장·천' 간의 긴장관계가 형성되었다고 알고 있다. 그러나 린메이룽은 이러한 관점에 대해 의문을 제기한다. 중부지방에서 장주와 천주 간의 두 집단의 인구의 비율이 상당(1926년 일본정부 통계에 의하면 대략 장주인이 40%, 천주인이 42%를 차지한다)하기 때문에, 더욱이 토지를 개간하던 초기의 경쟁으로 인해 자주 소소한 충돌이 발생하곤 하였다. 청조시기에 중부지역에는 모두 네 차례의 장주와 천주 간의 충돌이 있었다. 이는 건륭(乾隆) 47년

〔1782년 창화자동각(彰化莿桐脚), 가경(嘉慶) 11년(1806년 록항(鹿港), 사록(沙鹿), 북두(北斗)), 가경 14년(1809년 창화(彰化)), 도광(道光) 24년(1844년 풍원(豐原))〕에 발생하였다. 그 중에서 건륭 47년의 충돌이 가장 격렬하였고 파급범위가 가장 넓었으며, 서로 공격한 마을 수만 해도 192개가 넘었다.[11] 그밖에도 건륭 51년(1786년)의 린솽원(林爽文)사건과 건륭 60년(1795년)의 천저우취안〔陳周全〕사건은 청조 정부가 장주와 천주 간에 서로 분열시켜 균형을 이루고자 했던 책략이 두 집단간의 투쟁으로 변화하게 된 것이다.[12] 이러한 무력투쟁은 종종 점차 '경계를 명확히 하여' 각자 세력범위 내의 서로 다른 원적의 마을을 점차 소멸시켜 장주와 천주의 지리적 분포를 점점 더 명확히 구별시키게 되었다.

이러한 장주와 천주 간의 무력투쟁의 이야기는 아직까지도 6~70대 노인들간에는 구전으로 전해 내려오며 확실히 현대 일반인들의 생명과 생활을 조성하는 데에도 영향을 미쳤다. 더욱이 장주와 천주 간의 무력투쟁으로 인해 조성된 긴장관계는 상대방과의 구분을 위해서 취했던 것들이 아직도 목전에서 관찰 가능한 장주와 천주 간의 '문화적 격리'를 형성하였다.

그러므로 린메이룽이 지적하였듯이 근본적인 차이인 보다 큰 '민남과 객가 간 차이'는 중부지방에서는 전혀 강조되지 않았고 대신 언어가 본래 서로 통하는 '장주와 천주' 간의 비교적 적은 문화적 차이는 상호간에 '의도적으로 서로 다른 성조를 말하게 하는' 방법으로 고통스럽게 강조되었다. 장주와 천주 간의 긴장은 경계를 유지하려는 요구의 압력하에서 현대의 외부인 혹은 후대인에게 있어서 그다지 중요하지 않은 장주와 천주 간의 문화적 차이를 강조함으로써 당시 사회

---

11) 施添福(1987), "淸代在臺漢人的祖籍分布與原鄉生活方式", 臺北： 國立師範大學地理學系, p. 71을 보라.

12) 林美容(1990), p. 99.

적인 상황적 요구를 나타낼 수 있었다.

이상과 같은 사례가 우리에게 알려주는 것은 문화적 차이와 공동체의 분류 간의 관계는 사실상 공동체의 사회적 맥락을 구분할 필요에 의해서 결정되는 것이라는 것이다. 만약 경쟁 혹은 충돌로 인해서 반드시 적과 내가 구분되는 것이라면 이미 비교적 명확한 문화적 차이는 실질적으로 단체를 구별하는 데 도움이 되지만 실제로 근본적인 문화적 차이는 그다지 크지 않다는 점이다. 서로 작은 차이를 억지로 강조하기 때문에 상대에 대해 동일한 단체로의 구분에 도달하게 된다. 그러므로 차이는 본래 중요한 사회적 의미가 있는 공동체의 구분을 조성하지 못하며, 경쟁 혹은 충돌이라야 중요한 원인이 되는 것이다.

그러나 충돌이라고 해서 자연스럽게 대중으로 하여금 유의미한 공동체 구분을 하도록 하는 것은 아니다. 유의미한 공동체 구분은 통상적으로 충돌과 경쟁의 사회적 맥락에서 서로 다른 집단구성원 사이에 집단적으로 이루어지는 '차이'의 '사회적 구조'의 결과이다. 사회 속에서 일반인들이 집단간 차이를 인식하는 방법은 일반적으로 집단적인 문화적 결과이지 개인적인 사회적 감정의 경계로 인해서 얻어진 개별적 감정에 의한 것은 아니다. 군중 속에 놓인 개인과 개인들 간의 단체와의 차이에서 어떤 것이 비교적 중요하고 유의미한가는 개인이 단독적으로 결정할 수 있는 것은 아니다. 반드시 다른 사람과의 상호활동과 교류를 통해서야 천천히 하나의 완전한 지식을 발전시켜나갈 수 있는 것이다. 개인이 최초로 흩어지고 분리된 단체의 차이를 인지하게 되는 것은 '집단인지'와의 상호과정 중에서 천천히 조정되고 맞추어져서 하나의 체계적인 '적과 나의 문화적 차이'에 대한 생각을 구축하게 되는 것이다.

과거 전통사회에서 사회적 운동이 없던 시기에 이러한 집단에 관련된 차별적 집단인지는 통상적으로 지방에서 혹은 가족구성원 중에서 비교적 연장자나 사회적인 위엄과 신망이 있는 사람들이 주도하여 확립하였고 일반민중은 이를 그대로 받아들이는 것 외에 전통사회의 권위가 서서히 와해되면서 현대사회와 같은 정치체제(특히 국가의 기능이 발달)와 대중매체의 영향력이 점차 확산된 상황에서는 이러한 새로운 집단간의 차이에 대한 인지가 에스닉 사회운동의 과정을 통해서 세워지게 되었다.

그러므로 대중에게 커다란 집단적 차이는 사람들이 어떠한 하나의 차이를 특별히 강조하여 구분하는 것으로서 일반적으로 당시 구분하는 공동체의 수요와 관련이 되어 있다. 에스닉 운동은 통상적으로 이러한 종류의 구분의 수요를 통해서 출현하게 될 때 발생한다. 위에서 제시한 에스닉 의식, 차이에 대한 인지, 불평등에 대한 인지 그리고 집단행동에 대한 필요성의 인지 등은 사실상 모두 에스닉 운동의 '공동인식으로 인해 동원'하는 결과이다.

공동체를 구분하는 것이 필요하게 되는 때는 운동가들이 고통스럽게 작은 차이를 강조하기 시작하는 때이다. 구분할 필요가 없는 경우는 중대한 차이조차도 쉽게 사라져 버린다. 만약 다른 공동체의 사람들을 끌어들일 필요가 있다면 상반된 방법이 두 개의 공동체간의 본래의 차이를 더욱 없애고자 하여 상호간의 공통점을 더욱 강조할 것이다. 에스닉 분류는 따라서 종종 운동의 목표에 따른 수요에 의해서 발생되고 변화한다.

에스닉 의식의 구축은 에스닉 운동의 결과이다. 더 나아가 다수의 에스닉 분류는 모두 당대의 분류이다. 수많은 에스닉 운동가들은 통상적으로 자신의 에스닉의 형성이 에스닉의 선조가 수백 년 혹은 수천 년 전에 현재의 지방으로 이주해서 그 이후 토지의 특성과 생활형태의 관계로 인해 새로운 문화를 발전시켜 현재의 에스닉이 이러한 문화를 계승하게 된 것이라고 말한다. 이는 "현재의 에스닉의 존재는 과거의 역사적 경험 혹은 문화적 요소에 의해서 조성된 것이다"라고 말하는 것과 같다. 그러나 사실은 이와 같지 않다. 문화와 에스닉의 관계는 완전히 정반대의 것이다. 이는 오늘날의 공동체의 구분의 수요에 의해 우리들로 하여금 역사를 거슬러 올라가게 하고, 약간의 역사의 세부적 부분과 문화적 내용을 강조하게 한다. 게다가 이러한 공동체의 구분법으로 인해 이러한 차이들이 더욱 두드러져서 하나의 중요한 요인이 되었다.

따라서 에스닉의 특성의 견지에서 보자면 에스닉이란 매우 근대적인 개념이다. 대(大) 역사적 견지이건 혹은 소(小) 사회적 차이의 견지이건 간에 에스닉 분류의 관념은 모두 상당히 근대적인 것이다.

4) 현대국가와 시민개념의 영향을 받은 현대 에스닉 의식

'에스닉 상상'의 현대적 특성을 나타낼 수 있는 또 다른 한 가지는 현대인들의 에스닉에 대한 개념은 현대국가와 시민개념의 영향을 받았다는 것이다. 비록 현대인들의 에스닉은 여전히 과거의 문화 혹은 선조들로 인해 에스닉 집단간의 경계의 표준을 삼고 있지만 에스닉의 권익에 대한 요구 및 그 실천방식은 상당부분 현대적 국가의 주권 그리고 평등한 공민권에 대한 관념의 영향을 받았다. 현대국가의 헌법 중 개인의 정치적 권리, 교육수혜의 기회, 기본생활의 영위, 거주 및 이사의 자유에 대한 보장 이외에도 에스닉은 통상적으로 국가가 자신들의 언어, 문화 그리고 역사적 기억을 보장해줄 것을 요구한다. 전자는 '개별적 공민의 신분'으로서 국가에 대해 자신의 권리를 보장해 달라는 것이지만 후자는 '단체'로서 국가에 대해 자기공동체의 특수한 문화가 소실되지 않도록 보장해 달라고 요구하는 것이다.

제 2차 세계대전 이후부터 1970년대 이전까지 많은 국가들은 '국어' 및 국가적 문화를 보급한다는 목표 아래 종종 비교적 강한 동화정책을 추진하면서 소수집단에게 자신의 고유한 언어와 문화를 포기하도록 압박하기도 했다. 그리하여 다수의 소수집단은 평등한 발전의 기회를 보장해 준다는 국가의 승인을 얻고는 동화정책의 목표를 받아들이는 데 동의하기도 한다. 그러나 제 2 차 세계대전 이후 아시아와 아프리카의 많은 식민지 국가가 독립했으며 세계적인 이민방식이 과거 유럽 및 남아메리카에서 이동하던 것에서 아시아 아프리카에서 미주와 유럽 및 오스트리아로 이민하는 다원화된 방식으로 전환되었는데, 이는 세계 각국의 에스닉 구성을 점차 다원화하도록 하였다. 게다가 각 국가의 동화정책이 상당기간동안 실시된 이후에는 종종 당초 승낙한 에스닉의 평등이상을 달성할 수 없게 된 것으로 나타났다.

이상과 같은 요소들은 1970년대 이후 세계 각지에 '에스닉 의식의 부활'을 일으켰고, 많은 국가에서 소수 에스닉으로 하여금 국가에 대해 자신의 정치적 경제적 권리 및 독특한 언어문화의 보장에 협조해 달라고 요구하도록 하였다.

현대국가는 무력사용의 권한을 독점하고 있기 때문에 국가는 합법적으로 무력을 사용할 수 있는 유일한 기구가 된다. 따라서 국민간의 관계는 법률을 통해 규범되고, 정치제도를 통해 규제되었기 때문에 현대적 에스닉간의 경쟁과 충돌은 형식상으로는 과거의 걸핏하면 무력에 호소했던 방식과 크게 달라졌다. 에스닉 집단의 경쟁과 충돌은 현재 민주제도에서 허용된 채널(의회의 협상, 선거, 시위항의, 청원 등을 포함하여)을 통해 조정되며 해결되고 있다. 설사 자신이 어느 에스닉 집단에 의해 차별받고 있다고 느낀다 하더라도 과거와 같이 직접 무력에 호소하여 상대집단에 도전하면서 자신의 목적을 달성할 수 없게 되었다. 현대의 정치와 법치제도에서 받아들일 수 있는 투쟁방식은 평화적 수단으로 국가에 요구하여 국가로 하여금 개입하여 특정 에스닉에 불리한 상황을 개선하도록 요구하는 것이다.

국가를 핵심적인 소원대상으로 하여 개인과 집단의 권리보장을 요구하는 것은 과거 공동체간의 경쟁, 충돌과 다른 현대 에스닉의 특색이라고 말할 수 있을 것이다. 예를 들면 청조시기 대만사회의 분리투쟁은 대부분이 실질적 경제이익을 목표로 한 것이지 언어, 문화 혹은 역사적 기억과 같은 집단의 권리에 대한 요구와는 관련이 없었다. 물론 때때로 원적이 '분리'의 기준이 되기도 하였지만 이러한 상황은 통상 원적이 충돌하는 이익과 때마침 중첩되었을 때이다. 원적이나 문화적 차이는 단지 이익이 충돌하는 쌍방 내부의 공통적 특성일 뿐 그 자체가 충돌의 핵심적 원인인 경우는 매우 드물었다. 더욱이 중요한 것은 충돌을 해결하는 방식은 집단 무력충돌이었고, 그렇기 때문에 인접지역에 상호 지원할 수 있는 사람들이 있는지의 여부, 그리고 사람 수의 많고 적음, 서로의 단결력이 개인의 생존에 있어서 지극히 중요하다. 그리하여 '먼 친척이 가까운 이웃보다 못하다', '먼 곳의 물이 가까운 불을 끌 수 없다' 등의 표현은 특히 이러한 충돌방식 속에서 다른 사람과의 긴밀한 관계의 필요성을 잘 나타낸다.

자신과 긴밀한 혈연관계 혹은 같은 언어와 문화가 있지만 그러나 멀리 떨어져 있는 집단을 '상상'한다는 것은 비현실적인 것이다. 오로지 눈에 보이고, 부르면 대답할 수 있고, 평소에도 상부상조할 수 있고, 위급할 때 즉각 구원해줄 수 있는 사람이라야 내 감정과 시간을 투자할 수 있는 가치 있는 단체이다. 과거에 교통이 불편하고 자연지형이 장애를 구성하던 상황에서 의존할 가치 있는 단체는 필연적으로 내 이웃에 있는 사람들이었다.

이러한 사회적 상황에서 직접 사람들의 얼굴을 맞대고 접촉하는 실질적인 사회적 활동은 인적 관계의 유지에 매우 중요하다. 이른바 출신도별, 공통문화의 '동질감'은 일상생활에 실질적 사회활동 및 명절이나 행사 때 그 실천을 통해 나타난 것이다. 이러한 사회적 맥락에서 이 책에서 말하는 이른바 '에스닉 상상'(자기 신과 조상이 같고 문화가 같고, 한 번도 얼굴을 보지 않았지만 동일한 에스닉으로 생각하는 거대한 집단에 대한 상상)은 존재할 공간이 근본적으로 없었다.

이러한 에스닉 관계 역시 서로 다른 에스닉 간의 지리적 분포형태에 영향을 줄 수 있다. 충돌이 나타난 후에는 '서로 같은 부류끼리 모여 산다'는 것이 중요한 거주선택의 원칙이 되었다. 여기에 말하는 '같은 부류'의 종류는 매우 많다. 서로 같은 지역출신이라는 것은 그 중 한 가지 가능성일 뿐이다. 공통의 실질적 이익이 더욱 중요하다. 충돌이 날 때 외톨이로 홀로 떨어져 재난을 당하는 것을 방지하기 위해 많은 사람들은 자기와 같은 부류의 군락 중에서 자신의 거주지를 선택할 것이다.

그렇기 때문에 대만에서는 청조시기에 강희(康熙) 60년(서기 1721년) 주이궤이〔朱一貴〕사건이 최초로 남부지역 대규모의 복건 및 광동파 간의 무력충돌을 조성한 이후 1895년 대만이 일본에 할양될 때까지 170여 년간 적어도 60회 이상의 대규모 무력충돌이 있었다.[13] 이른바 '3년에 한 번 소규모 충돌, 5년에 한 번 대규모 충돌'은 빈말이 아니었다. 1860년대 전후까지 '같은 부류끼리 모여 사는' 지리분포 형태가 점차 뚜렷해졌다. 그러다 보니 이른바 '객가인 마을'〔客庄〕, '천주인 마을'〔泉庄〕그리고 '장주인 마을'〔漳庄〕라는 집중분포지역이 나타났다. 그 중 객가인마을은 주로 북부의 도원(桃園), 신죽(新竹), 묘율(苗栗) 및 남부의 고웅(高雄) 및 병동(屛東)〔육퇴지구(六堆地區)〕일대에 분포되어 있었다. 한편 장주 및 천주 마을의 분포는 대만전체를 놓고 볼 때 천주인들은 대북(臺北) 분지, 서부평원 연안지역에 분포되어 있고, 장주인들은 대북 분지 변두리 및 해안과 구릉지 사이의 대만 서부평원에 분포되어 있다.[14]

이러한 대규모의 지리분포방식은 기본적으로 당시 공동체 간의 관

---

13) 林偉盛(1993), "羅漢脚： 青代臺灣社會與分類械鬥", 臺北： 自立晩報文化出版部, pp. 49~58에 수록된 정부자료.

14) 施添福(1987), "淸代在臺灣漢人組織分布與原鄉生活方式", 臺北： 國立臺灣師範大學地理學書, pp. 13~22.

계형태를 반영하고 있는데 비교적 다른 에스닉과 혼거가 아닌 같은 에스닉 끼리 모여 사는 형태였다. 국가 법치의 힘에 의한 보호가 없는 상황에서 사람들은 자신의 무력으로 자신의 이익과 안전을 지킬 수밖에 없었다. 이러한 상황에서 사람들과의 혼거는 종류가 다른 집단과 충돌할 때 중대한 위험을 초래할 수 있다.

상대적으로 말해서, 근대적 법치개념이 점차 확립되고 국가기능이 확대된 상황에서 국가는 개인의 안전, 거주 이전의 자유를 보호할 의무가 있으며 서로 다른 에스닉 끼리 혼거하는 거주형태는 더 이상 문제가 되지 않는다. 그러나 이는 곧 개인의 시민적 권리의 부분에 대해 말할 때이다. 앞에서 이야기 했지만 개인적 시민적 권리 외에도 에스닉은 종종 국가에 대해 자기집단의 문화와 정체성의 권리를 보장해달라는 요구를 한다. 이러한 현대 정치적 구조는 에스닉 운동가들로 하여금 그 운동과정에서 하나의 새로운 임무를 부여하게 된다. 즉, 자신의 에스닉이 특별하고 보존가치가 있는 사회단체인 만큼 국가는 동 단체의 언어, 문화 및 역사적 기억을 보장해야 한다는 것을 국가 및 자기 에스닉 구성원들 그리고 기타 에스닉 구성원들을 동시에 설득해야 하다. 수많은 문화적 차이 속에서 어떠한 집단의 범주 그리고 문화가 보장할 가치가 있는가를 결정할 때 에스닉 운동세력의 노력과 성공이 결정적 요소가 된다.

자신들이 주장하는 합법성을 강화하기 위해서, 에스닉 운동가는 자신 에스닉의 역사적 뿌리가 깊다는 것과 그의 언어와 문화의 특수성을 강조함으로써 정부 및 다른 사람들이 자신의 에스닉의 특성을 인정할 수 있는 이유로 내세우고 있다. 특수성이 있고, 보전가치가 있는 기초성을 제공한다. 설득력을 높이기 위해서 에스닉 운동가들은 통상 에스닉 단체의 규모를 확대하여 지역이나 가족의 범위를 뛰어넘는 에스닉 범주를 창출해내기도 한다. 이는 수많은 문화적 차이가 있는 단체를 기원과 문화적 공통성을 강조하는 방식을 통해 하나로 뭉치면서 단체의 규모를 증가시킨다. 물론 이러한 역사적 기원과 문화적 공통성은 통상적으로 이미 존재하는 증거들로 뒷받침할 수 있지만 이러한 증거들이 항상 뚜렷하고 일치되는 것은 아니다. 과거의 역사와 문화적 내용 속에서 아마도 다른 종류의 더욱 세분화된 정체성의 차이를 더 많이 끌어와 이용할 수 있을 것이다. 게다가 현재의 정체성의 구도는 새로운 '타인'을 구분하기 위한 필요에서 탄생했다. 이는 더욱 더 역사적 기억과 문화적 내용에 대해 새로운 조정을 하지 않을 수 없게 한다. 그리하여 각 에스닉 정체성의 범위와 내용은 통상 에스닉 운동가들이 다시 새롭게 구획하고 구축한 결과물이 되는 것이다.

3. '에스닉 정체성'의 기능

1) 어째서 '현재'의 사람이 '과거'를 필요로 하는가?

에스닉 정체성과 에스닉 개념과 관련하여 세 번째로 자주 강조되는 주제는 에스닉 정체성의 기능이다. 에스닉 정체성의 현대사회에서의 기능과 관련하여 일반인들은 항상 호기심을 갖는다. 이토록 성과만 강조하고 개개인의 출생배경을 따지지 않는 현대사회에서도 어찌하여 현대인들은 '과거'를 강조하는 정체성을 아직도 필요로 하는가? 현재 에스닉 인식은 고조되어가고, 서점에도 객가인, 민남인 또는 원주민 등 각 에스닉에 대한 많은 저서가 출간되고 있다. 그 중 대표적인 두 권의 저작물의 목차를 소개하고, 이러한 연구의 전형이 일상적으로 어떠한 주제를 포함하고 있는지를 살펴보고자 한다.

상술한 내용을 통해서 알 수 있는 것은 이들 에스닉의 연구는 통상적으로 특정 에스닉의 역사적 기원, 이주경험, 언어, 속어, 통속습관, 조상숭배, 제사, 명절, 가정조직의 특성, 나아가 건축, 복장 등의 특성이 무엇인가를 포함한다. 이러한 역사적 기억과 문화적 특징을 통해 알게 되는 것은 에스닉의 특색 혹은 본질이다. 만약 '에스닉 정체성'이 이 책에서 주장하는 것과 같이 현대적 발명이라면, 이와 같이 상술한 과거의 역사가 왜 그토록 중요한가? 왜 과거로 돌아가서 현재 에스닉의 존재적 기초의 합리화를 찾으려고 하는가? 이 문제에 대한 해답을 위해 필연적으로 에스닉 정체성의 기능부터 이야기해야 할 것 같다.

에스닉 정체성의 중요한 기능은 이것이 사람들로 하여금 자신이 하나의 전통이 있고, 미래의 목표가 있는 큰 사회조직에 귀속되어 있다는 것을 느끼게 하는 것이다. 사람들은 왜 하나의 큰 사회 속으로 귀속하고자 하는가? 이 문제와 관련하여 프랑스의 사회학자 뒤르껨

(Emile Durkheim, 1858~1917)의 관점은 참고할 만하다. 뒤르껨은 모든 사회가 다 한결같이 중대한 문제들에 직면할 것이라고 보았다.

어떻게 해야만 사람들이 그 생명이 한계가 있다는 것을 알면서도 뜻있게 살아가기를 원하도록 할 수 있는가? 사람들은 언젠가는 자신이 죽게 되고, 생명이 길어봤자 7~80년에 불과하며 개인의 모든 노력은 생명이 마감된 후에는 허무로 돌아간다는 것을 알면서도, 무엇 때문에 계속적으로 노력하는가? 만약 개인생활의 목적이 단순히 개인의 요구를 위한 것이라면 많은 사람들이 자살하거나 향락을 즐길 것이지, 근본적으로 그 어떤 노력도 하고자 하지 않을 것이다. 그러므로 뒤르껨은 인류가 사회 혹은 단체라는 개념을 발전시키게 된 것은

〈표 2-2〉 전형적인 에스닉 연구서적의 내용

林再復, 《閩南人》(臺北: 作者自印行, 三民書局經銷, 1984年)	
제 1 장	서 론
제 2 장	河洛 - 민남인의 한
제 3 장	민남 - 대만인의 한
제 4 장	대만의 지리적 환경과 역사적 발전
제 5 장	대만에서 민남인의 개척
제 6 장	민남인과 대만상업의 발전
제 7 장	민남인과 청대 대만 민간의 분리 투쟁
제 8 장	민남인과 과거(科擧) 학풍
제 9 장	민남인의 종교, 신앙, 관습
제 10 장	민남인의 물질적 생활
제 11 장	민남인의 정신적 생활
제 12 장	동남아시아의 민남인
제 13 장	민남어
제 14 장	결 론

〈표 2-2〉 계속

陳運棟, 《客家人》(臺北: 聯亞出版社, 1978年)	
제 1 장 서론	
제 1 절	객가 문제 연구의 역사적 배경과 현재의 성과
제 2 절	객가 민계와 명칭의 기원
제 3 절	우량 민계 전세계 신봉
제 2 장 객가 민계의 연원과 분포	
제 1 절	객가의 원류와 이주상황
제 2 절	객가의 분포와 기타 지리적 환경
제 3 절	객가의 대만 동부로의 이주와 그 분포
제 3 장 객가어의 각 방면의 시각	
제 1 절	객가언어의 특징
제 2 절	객가음계의 기원
제 3 절	객가어의 일상 어휘
제 4 절	객가속담
제 5 절	객가산가
제 4 장 객가 문화의 심층토론	
제 1 절	총술
제 2 절	물질적 문화
제 3 절	사회적 문화
제 4 절	정신적 문화
제 5 절	결론

기실 개인이 스스로에 속하기보다 상위에 있는 단체 속에 융합되기를 원하기 때문이라고 보았다. 그리고 '사회'가 바로 이러한 특징을 지니고 있는 것이다.

'사회'의 독특한 점은 사회가 과거, 현재, 미래를 가지고 있다는 것이다. 개인이 속해 있는 사회는 '현재'의 상태이지만 사회는 '과거'라는 전통이 있고, 과거의 선례도 가지고 있다. 더구나 '미래'의 후손들이 있다. 만약 개인의 노력이 하나같이 사회를 위한 것이라면 그 노력은 헛되지 않을 것이고, 개인의 노력의 성과는 개인의 사후에도 계속 기억되고 기념될 것이다. 그렇기 때문에 뒤르껨은 한 개인을 한 사회 혹은 단체에 소속시키는 것은 인생이 유한하다는 것에서 오는 파괴성을 해결하는 가장 좋은 방법이라고 보았다. 개인의 단체 혹은 사회에 대한 귀속 혹은 정체성은 개인으로 하여금 생명이 제한된 상황에서도 이를 위해 계속 노력하게 할 것이고, 이는 개인의 노력이 자신보다 큰 사회를 위한 것이지 단순히 개인을 위한 것이 아니라는 이유로 인해 계속 노력하게 된다.

집단에 대한 귀속감은 어떻게 해서 '에스닉'이 집단 정체성을 위해 작용하게 되어 그러한 신성한 추동력을 생산하게 되었는가를 설명할 수 있다. 개인이 만약 자신의 단체에 귀속감을 가진다면 개인의 유한한 생명이 의미 있게 지속될 수 있기 때문에 개인의 생명의 의미는 바로 이 단체에 기탁한 것이 된다. 그러므로 누군가가 그 단체의 영광을 침범하게 되면 개인은 서슴없이 모든 대가를 치를 것이고 나아가 단체를 위해 사람을 죽이거나 자신의 생명을 바쳐서라도 저항하게 된다. 이러한 상황에서 단체의 영광에 대한 타격은 개인 생명의 가치에 대한 질의로 해석될 수 있다. 이는 어쩌면 왜 민족주의자들이 항상 자신 민족의 영광을 강조하는지, 지난날 어떠한 위인이 있었으며 현재 어떠한 고난을 당하고 있는지, 이러한 고난을 가져온 자들은 누구인지, 어떻게 해야 우리의 과거의 영광을 회복할 수 있는지를 강조하는 것인지를 설명해 준다.

이러한 논조는 민족에게 신성한 색채를 입혀놓았다. 예를 들면, '소아(小我)을 희생하고, 대아(大我)를 완성하자'는 구호들은 그 에스닉 정체성에 하나의 신성불가침의 색채를 입혀놓게 되었다. 이것이 곧 에스닉 혹은 민족이 어떻게 하여 이렇게 커다란 동원력과 응집력을 갖게 되었는가의 중요한 요인이다. 민족주의를 연구한 앤더슨(Benedict Anderson)은 현대사회에서 '민족'은 암살행위를 합리화시킬 수 있는 유일한 정체성이라고 하였다. 민족전쟁의 상황에서 민족이 적을 살해하면, 국가로부터 훈장을 수여받는 경력을 갖게 된다. 민족을 위한 희생은 국가의 인정과 국민의 찬양을 받게 된다. 훈장을 받는 자가 과거에 형편없는 자(어쩌면 폭력배일 수도)였다고 할지라도 그 사람이 민족을 위해 희생하여 민족에 대해 공헌하였다면, 전민족구성원의 숭앙을 받는 '열사'로 추앙받게 된다.[15]

2) '에스닉 구축운동' 지지를 통해 에스닉 차별화에 대항하기

'에스닉 정체성'의 두 번째 기능은 하나의 대규모 단체를 만들어 내는 것이다. 에스닉 정체성을 구축하는 에스닉 운동은 통상적으로 '에스닉 불평등'에 대항하기 위해 발생한다. 어느 집단의 사람들은 그들의 공통된 문화적인 신분과 뿌리로 인해 불평등한 대우를 받고 있다고 생각하고 있다. 우세 에스닉이 그들에 가하는 압박에 대항하기 위해 약세 에스닉의 엘리트들은 자주 에스닉 운동을 전개하고, 이를 통해 약세 에스닉의 의식을 구축하고 전파한다. 이와 같이 권력관계를 보급하는 상황에서 에스닉 의식과 에스닉 분류의 현상은 하나의 정치적 현상이다. 정치적 현상이 된 이상, 그 운동세력은 반드시 '에스닉'

---

15) Anderson(1991), 同 註6.

의 정치실력을 고려해야만 한다.

앞서 제기된 보다 큰 단체에 소속되고자 하는 개인의 사회적 욕구는 인류사회에서 지극히 보편적인 현상이다. 이는 '에스닉'의 분류개념이 나타나기 전에 이미 상시로 존재하던 현상이다. 과거에는 가정, 가족, 기껏 많아봐야 9촌까지의 친척들과 같은 것들이 단체에의 귀속을 제공하는 가장 중요한 기준이라고 생각되었다. 그러나 가정, 가족 및 촌락의 영향력은 현대사회에서 점차적으로 새로운 신분에 의해 대체되고 있다.

공업사회에서 '귀속 신분'(*ascribed status*)[16]의 중요성은 점차적으로 새로운 '성취 신분'(*achieved status*), 예컨대 개인의 교육성과, 계급 등의 지위 등에 의해서 대체되고 있다. 근대화의 과정에서는 공업화라는 경제생산방식으로 인해 대량의 유동화가 필요하고, 상당한 정도의 기초교육을 받는 것이 필요하다. 수시로 국내외 시장의 요구에 따라 각기 다른 생산대열에 투입할 노동자가 필요하다. 그러므로 전통농업사회와 같이 개인과 토지를 한데 묶는 귀속 신분의 원칙은 이미 이러한 수요를 충족시킬 수 없게 되었다. 공업사회에서 필요한 사회의 구성원은 전통적인 사회적 관계 속에서 탈출하여, 지리적 사회적으로 유동을 따라야만 경제생산성에서 사회의 경쟁력을 유지할 수 있었다. 이러한 상황에서 개인의 성취 신분은 점차적으로 개인이 새로운 환경에 적응할 수 있도록 해주는 가장 중요한 요소가 되었다. 근대화와 공업화의 과정은 이로 인해 과거의 가정과 가족, 이웃을 핵심으로 했던 귀속 사회적 단위의 중요성을 점차 와해시켜 이들로 하여금 다시 개인이 의존하는 단체의 귀속감이나 사회적 단위의 기능을 수행하지 못하도록 하였다.

그러나 새로운 사회경제구도에서도 사람들은 여전히 단체 귀속에

16) '귀속 신분'이란 개인의 출생과 동시에 취득하는 것이며 평생토록 변경될 수 없다. 예를 들면 에스닉 혹은 성별과 같은 신분이다.

대한 요구가 있다. 개인이 소속된 성취단위(예를 들어 학교, 직장, 계급, 새로운 이웃)는 새로운 귀속대상을 제공할 수는 있지만, 이들은 이러한 감정성, 지조성의 사회적 요구를 완전히 만족시켜줄 수 없다. 이들 성취성 원칙에 의해 조성된 사회적 단위가 귀속성 사회단체와 가지는 가장 큰 차이는 단체 경계의 개방성과 구성원의 신분적 유동성에 있다. 성취성 단체의 신분은 세대간의 계승성과 개인 혈연상에 전대와 후대 간의 연관성이 없기 때문에 이러한 신분은 아주 오랜 전통이 있는 '과거'와 혹은 앞으로 계속 승계해야 할 '미래'와의 접속이 쉽지 않아서 앞의 것을 이어받고 뒤로 전수한다는 '신성한' 감각을 쉽게 배양하지 못한다. 또한 이익과 관련된 결합이기 때문에 구성원들이 자유스럽게 가입, 퇴출할 수 있고, 단체가 개인에 대한 투입의 요구의 정도가 낮기 때문에 그 개인 또한 단체에 대한 정체성 혹은 의존도 비교적 낮다. 개인은 보다 좋은 발전의 기회와 지위를 쟁취하도록 독려받고 있고, 만약 더 좋은 기회가 있다면 언제라도 그리고 마땅히 기존의 단체를 떠나는 것이다.

그러므로 이러한 성취성의 단체는 비교적 기능성 및 도구성이 강하고, 따라서 감정성 혹은 표현성을 기초로 응집된 구성원들이 아니다. 이러한 사회적 응집은 그 특성상 비교적 '세속성'의 관계에 속한다. 이러한 특성은 모두 자원결합 혹은 성취성 단체의 경우, 구성원으로 하여금 삶에 의미를 걸고 단체를 위해 큰 대가를 치르고, 나아가 자신의 생명까지 바치게 되기는 어렵다. 실제로, 만약 어떤 자가 성취성 집단을 위해 생명을 바칠 경우 다른 자들은 이를 위해 감동받는 것이 아니라 이를 이상하거나 지나치다고 생각할 것이다.

전통적인 귀속성 단체가 점차 중요성을 잃어가는 가운데, 성취성 단체가 개개인의 깊은 귀속성의 요구를 만족시켜줄 수 없는 상황에서 '에스닉 집단'은 매우 이상적인 신흥 대체집단으로 떠올랐다. 에스닉 상상하에서는 개인이 하나의 문화를 계승하는 거대단체에 귀속된다는 생각을 갖게 된다. 그러나 이러한 단체의 규모는 너무 작아서는 안 된다. 그렇지 않고는 충분한 정치적 역량을 갖지 못하기 때문이다. 그러므로 에스닉 집단의 규모는 반드시 가족이나 지역단체보다 커야 한다.

한편 하나의 '에스닉' 집단의 범위는 통상적으로 뿌리가 같고 똑같이 불평등한 대우를 받고 있다고 여기는 사람들의 범위와 중첩될 수 있다. 이 점과 관련하여 이 책에서는 이어서 대만 에스닉 집단의 에스닉별 형성의 실제사례를 언급할 때 다시 한 번 자세하게 언급하겠다.

이상에서 '에스닉' 및 '에스닉 정체성'의 두 개념에 대해 소개하였는데, 여기에는 하나의 분명한 분석입장이 있다. '에스닉'과 '에스닉 정체성'은 하나의 공동체 분류의 상상방식으로 간주되는 것이지 에스닉이 실제로 존재한다고 가정하는 것이 아니며, 오류 없이 그 범위를 명확하게 그을 수 있는 것도 아니다. 실제로 존재하고 무엇보다 명확한 단체가 될 수 없다. 그러므로 필자는 어느 단체가 에스닉 집단이고, 어느 단체가 에스닉 집단이 아닌가를 언급하지는 않을 것이다. 왜냐하면 우리는 원천적으로 어떤 것이 합리적인 에스닉 분류의 범위이며 표준인지를 결정하는 방법을 가지고 있지 않기 때문이다. '에스닉'은 결코 어떠한 본질적 특질(혈연관계, 언어, 문화 특성)로 인해 '존재'하는 것이 아니다. 에스닉 집단은 사실상 사람들의 에스닉 상상으로 인해서 나타난 것이다.

혹자는 '에스닉 상상'의 공동체 구분방식을 받아들이지만 어떤 사람들은 받아들이지 못한다. 설사 '에스닉'의 공동체 분류를 받아들인다 해도, 일반인들은 사회에 어떠한 에스닉이 있는가에 대해 인식의 일치를 보기 어렵다. 그 어떤 에스닉 집단 분류방식에 대해서도 항상 어떤 사람들(보통 약세 에스닉)은 합리적이라고 생각하지만, 어떤 사람들(통상 우세 에스닉 집단)은 합리적이지 않다고 생각한다. 쌍방은 아마 영원토록 상대편이 자신의 관점을 받아들이도록 설득하지 못할 것이다. 그러므로 분석을 통해서 볼 때 비교적 중요한 문제는 사람들이 이러한 방식으로 자기와 사회 속의 기타 구성원들과의 관계를 사고하고 이해할 수 있을 것인가 하는 것이다. 만약 가능하다면, 왜 그러며 또 어떠한 상황에서 이렇게 할 것인가가 중요한 문제가 될 것이다.

제2편

현대 대만사회의 에스닉 상상 - 대만의 4대 에스닉

제 3 장 '4대 에스닉' 내부의 차이

제 4 장 대만 '에스닉 상상'의 기원:
'본성인'/'외성인' 에스닉 의식 형성과정

제 5 장 '원주민'과 '한인'(漢人)의 구분

제 6 장 본성인 중 '민남'(閩南)과 '객가'(客家)의 분류

제 7 장 '외성인' 에스닉 분류 상상의 생성과 발전

제 8 장 대항적 에스닉 의식에서 '4대 에스닉'에 이르기까지의 논술

제 9 장 결론

현대 대만사회에서 에스닉 분류의 주류 관점은 대부분 대만에 '4대 에스닉'이 있다는 것이다. 4대 에스닉 분류 주장은 대략 1993년 이후 민진당 소속 입법위원 예쥐란(葉菊蘭)과 린줘쉐이(林濁水) 등이 제기한 것이다. 비록 일부 사람들이 이러한 구분을 거부하거나 유보적임에도 불구하고, 10년도 채 안되어 이러한 구분은 이미 대만사회에서 가장 보편적으로 받아들여지는 분류방식이 되었다. 심지어 각급 정부기관 및 지방자치사회단체 등도 문화 및 사회정책에 대한 기회와 재정에서 정도의 차이는 있지만 이러한 구분방식을 채택하고 있다. 예를 들면 언어의 구분과 관련하여, 국어(북경어) 외에도 현 정부는 이미 '민남어'(복료화), '객가어' 및 '원주민 에스닉 언어'를 인정하였고 이러한 언어들은 향토교육 및 다양한 어학 교육관련 법규에서 인정하는 서로 다른 문화 범주가 되었다.

비록 원주민들은 10가지의 에스닉의 문화와 사회적 차이가 있지만 원주민 수가 상대적으로 적기 때문에 그들은 각급 정부의 행정법규하에서 같은 소속으로 분류되고 있다. 이와 마찬가지로 선거제도 설계과정에서도 '원주민'은 특별히 구분해야 할 분류로 분리되어서 일반 한족과 달리 자체의 민의 대표(입법위원을 포함하여)를 선출하도록 되어 있다. 그러나 원주민의 선거범주 내에서 10개 에스닉에 대해 개별적으로 배당하지는 않는다.

비록 현재 일반인들이 이른바 '4대 에스닉'의 분류란 이미 오랜 세월동안(적어도 50년) 존재했고, 중대한 문화와 역사적 경험의 차이로 인해, 다시 통합될 수 없는 공동체 분류라고 인식하고 있다 하더라도, 이는 구체적인 구분의 발전이 구현된 것이다. 그러나 만약 대만사회 내에 상당히 복잡한 문화유형과 사회단체가 존재하며 수많은 각기 다른 에스닉 분류를 구성할 수 있는 상황을 고려한다면, 우리가 알고 있는 '4대 에스닉'이라는 분류의 출현과 정착은 정치세력 간의 힘겨루기, 타협 그리고 우리가 알고 있는 대중과 연동한 사회구축의 결과라고 인정해야 할 것이다.

이하 몇 가지 측면에서 이를 설명해 보고자 한다.

제3장

'4대 에스닉' 내부의 차이

현재의 이른바 '4대 에스닉'의 분류는 본래 대만역사상 각기 다른 시기에 출현한 세 가지의 서로 다른 에스닉 분류방식을 통합하여 탄생한 결과이다. 여기 세 가지 에스닉 분류방식과 여기에 상응하는 에스닉 분류는 〈그림 3-1〉과 같다.

〈그림 3-1〉 공동체 분류상의 대만 4대 에스닉의 구분

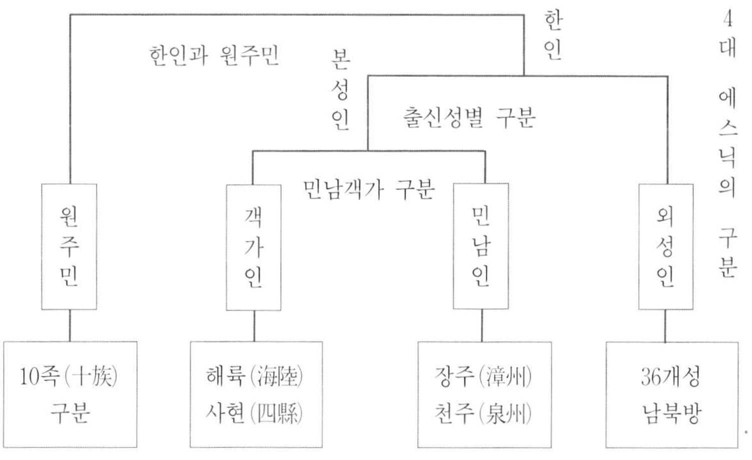

오늘날 대만사회에서 말하는 '4대 에스닉'이란 원주민(원주민족), 객가인, 민남인(복료인)과 외성인(신주민)을 포함한다. 이러한 4대 에스닉의 구분은 세 가지 상대적인 에스닉 집단의 종류로 분리되어 구성된다. 첫 번째의 상대적인 구분은 '원주민'과 '한인'의 구분이다. 두 번째의 구분은 한인 중에 '본성인'과 '외성인'의 구분이다. 세 번째 종류의 구분은 본성인 중에 '민남인'과 '객가인'의 구분이다.

물론 이상과 같은 세 가지 상대적 에스닉 구분은 현재 동일한 평면상에 놓인 이른바 대만의 '4대 에스닉'을 형성하지만 이들 분류의 원천을 자세하게 들여다보면 현재까지도 '에스닉 집단의 분류'는 여전히 뚜렷한 대비 대상이 있다는 것을 발견할 수 있다. 예를 들어, 이른바 '원주민'의 정체성은 주로 한인과 상대적으로 대비하여 나타난 에스닉 구분이다. 현재 자의든 타이든 '원주민'이라는 '에스닉'은 사실 그 내부에 상당히 복잡한 문화적 차이가 있다. 비교적 분명한 것은 원주민 중 10개의 민족적 차이가 있다는 것이다. 대만 역사상 원주민의 각기 다른 부족 간에는 많은 충돌과 대립이 있었고, 자신에 대한 타인 그리고 적의 부각 등 모든 구분이 상당히 명확했다.

제2차 세계대전이 끝나기 전, 그들이 정체성을 가지고 귀속된 대상은 대부분 마을 혹은 자신의 부족이었고 '범(泛)원주민'이라는 정체성은 없었다. 다만 1980년대 초 원주민 운동이 시작되던 과정에서야 비로소 원주민의 공통된 억압자인 '한인'이 나타나면서 이에 상대적으로 '범대만 원주민'이라는 에스닉 상상이 생겨나게 된 것이다. 원주민 운동에 대한 논술 중에서 '한인'은 원주민들을 오늘날과 같이 불리한 여건에 처하게 만든 우세집단이고 억압집단이며, 이들에게 한인은 특별히 객가, 외성, 민남이라고 구분되지 않는다. 일부 원주민들은 개인이나 마을 인근지역의 집단적인 접촉의 경험 혹은 대중전파매체 등으로 얻은 인상으로 인해 한인 중에 서로 다른 에스닉이 있다는 것을 구분할 수 있고, 그들간에도 언어와 문화 및 사회적 특성상의 차이를 발견하며, 나아가 그들 부족의 어휘 속에서 각기 다른 글로서 서로를 호칭하기도 한다는 것을 알고 있다.

그러나 이러한 한인 내부의 차이에 대한 인식은 주로 문화 및 사회적 대중에 귀속되는 것이지, '범원주민운동'이라는 정치적 욕구 및 목표에서는 한인간의 문화적 차이가 상대적으로 볼 때 중요한 것이 아니었다. 그래서 종종 보다 더 큰 '원주민과 한족'이라는 구분에 파묻히기도 한다.

이와 마찬가지로 '외성인'과 '본성인'의 출신성별 구분에서도, 초기에는 '외성인'의 관점에서 볼 때 비록 '민남인'과 '객가인' 간에 언어와 문화적인 차이가 있고, 과거에도 극심한 사회적인 갈등이 있었다는 것을 알고 있지만, 정치적 태도상의 차이에서 말하면 민남인과 객가인의 구분은 그다지 중요하지 않다. 중요한 것은 '본성인'과 '외성인' 간의 차이 혹은 적대감이다. 이른바 '본성인'의 정체성은 주로 '외성인'에 상대적인 것이고, 그리고 정치적 태도 분야에서의 차이에 초점을 맞춘 것이다. 이와 비슷한 상황은 '민남인'과 '객가인'의 구분에도 적용될 수 있다. '객가인'의 정체성은 단순히 '민남인'과 구분할 때만 의미가 있다. 그리고 민남인의 언어, 문화 및 역사적 경험을 구분할 때에만 객가인 간의 신분과 정체성을 강조할 수 있게 된다.

그러므로 만약 우리가 앞서 제시한 4대 에스닉 구분의 분류를 경계선이 분명한 집단으로 보지 않고 이를 개인의 다양한 정체성 중 몇 가지로 본다면, 필자가 강조하는 에스닉 상대성의 의미가 비교적 분명하게 될 것이다. 에스닉 분류에서 개인은 역시 다중적(혹은 다층적) 에스닉 정체성을 보유할 수 있다. 그러나 4대 에스닉 집단의 구분에서 '외성인'이라고 분류된 사람이라 해도 때로는 원주민의 경계에서는 '한인'으로 구분될 수 있다. 한 사람의 '민남인' 혹은 '객가인'은 동시에 '본성인' 및 '한인'의 신분을 지니고 있다. 대만의 '원주민'은 과거 상당히 오랜 세월동안 정부의 공식 통계상에서 '본성인'의 일원으로 분리되어 왔다.

이상과 같이 4대 에스닉을 구분하는 광의의 구분 외에도 4대 에스닉 내부에는 진일보한 구분이 있을 수 있다.

'원주민' 내부에는 최소한 10개의 에스닉이 있다.[1] 즉 아미(阿媚), 태아(泰雅), 로개(魯凱), 달오(達悟), 새하(賽夏), 포농(布農), 소(邵), 배만(排灣), 비남(卑南), 추(鄒) 등이다. 이들 10개 에스닉은 언어, 문화, 풍속, 습관, 문물과 기물, 생산방식, 사회조직과 제도에서 완전히 다르다. 가장 쉽게 구별할 수 있는 복장만 보더라도 원주민 10개 에스닉 간에는 공통된 점이 극히 드물다. 언어의 측면에서도 원주민 10개 에스닉 간에 국어 외에 공통된 언어가 없어서 상호간 의사소통이 되지 않는다. 현재까지도 절대다수의 원주민들은 여전히 자신들이 10개 에스닉이라는 분류체계에서 에스닉 정체성을 유지하고 있다(예를 들어, 아미인, 태아족인).

만약 이들 10개 에스닉 내부에 보다 더 세밀한 구분을 고려한다면 그 상황은 더욱 복잡해진다. 예를 들면, 원주민 중 인구규모 2위를 차지하는 태아족은 내부에 적어도 동덕새극(東德賽克)과 태로각(太魯閣)의 2가지의 하위구분이 존재하며, 이들은 스스로를 태아족이라고 여기지 않는다.

이와 같이 이른바 '외성인'도 현재는 하나의 에스닉(혹자는 '신주민'이라고 한다)으로 간주된다. '외성인' 중에는 중국의 과거에 존재하던 35개의 성(省)별의 언어와 문화의 차이가 있고, 항주어(杭州語)를 하는 사람과 상해어(上海語)를 하는 사람이 있어서 서로 의사소통이 안 되며, 소주어(蘇州語)와 산동어(山東語) 간에는 더욱 그러하다. 이토록 큰 차이가 있는데 어째서 이들을 하나의 에스닉으로 분류하게 되

---

1) 역자 주 : 대만의 원주민은 2002년 갈마란족(噶瑪蘭族), 2004년 1월 태로각족(太魯閣族), 그리고 2007년 1월에 살기래아족(撒奇萊雅族)이 공식 원주민으로 인정되면서 2008년 현재 공식적으로 13개의 원주민이 존재한다.

었는가?

민남인 내부의 분리도 상당히 크다. 위에서 말하는 것과 같이 민남인이라는 용어는 대략 1970년대에 와서 나타난 것이다. 대만 광복 초기 민남인 내부의 장주인과 천주인 간의 구분은 매우 중요한 것이었다. 오늘날까지도 대만 중부지역 산간지방과 해안지방에는 과거에 장주 천주 구분의 흔적이 남아있는 듯하다. 그 외에도 많은 지역적 차이가 있는데, 예를 들면 남부〔하항(下港)〕와 북부 간의 차이이다.

이와 마찬가지로, 대만 '객가인' 내부에도 일찍이 각기 다른 고장에서 이민왔기 때문에 해안과 대륙의 4개 현에 각기 다른 객가어 억양의 구분이 있다. 1980년대 이전 대만의 서로 다른 지역의 객가인들이 사용하는 객가어에도 나름대로의 억양과 특수한 어법이 있어서, 피차간 이를 명백히 구분할 수 있었다. 그리고 지리적 분포로 볼 때, 객가인들은 각각 북부의 도원(桃園), 신죽(新竹), 묘율(苗栗)과 남부의 고웅(高雄), 병동(屛東) 일대('육퇴'지구)에 살고 있었지만 이 두 지역간에는 긴밀한 왕래가 없었다.

이상에서 언급한 이들 분류의 내부 차이와 구분은 모두 개인들이 집단정체성을 형성할 수 있는 대상을 형성한다. 〈그림 3-1〉과 같은 네 가지의 각기 다른 차원은 원주민과 한족의 구분, 출신성의 구분, 민남인과 객가인의 구분, 이 모두 '4대 에스닉'의 구분이다. 말하자면 대만사회에서 개인의 에스닉 신분은 각기 상이한 에스닉 구분의 분류방식하에서 실질적으로는 다중적이다. 여기서 '4대 에스닉'의 구분은 아마도 현시점에서 일반인들에게 가장 중요하고, 가장 유의미한 '에스닉 신분'일 것이다. 그러나 우리는 하나의 개인이 오직 하나의 '에스닉 신분'을 가지고 있다고 가정해서는 안 된다. 이는 이러한 주장을 제기한 사람들이 일반인들이 받아들였으면 하고 바라는 관점이다.

이러한 관점은 우리의 에스닉의 특징에 대한 시각을 오도하여 '본질론'이라는 구덩이 속으로 빠지게 할 수 있다. 그러므로 만약 우리가 개인이 하나의 '에스닉 신분'만 가지고 있다고 생각한다면 각 개인의 에스닉 신분을 확정하고, 각계의 '에스닉' 문화와 사회적 특질을 규정짓는 것이 중요한 일이 될 것이고, 이는 또한 에스닉 집단 연구에서 반드시 짚고 넘어가야 할 문제가 될 것이다. 통상적으로 이러한 일들은 힘들기만 하고 실적은 없는 작업이다. 왜냐하면 에스닉 집단은 단체가 아니기 때문이다. 그리고 이는 '그 어떤 분리된 공동체의 이데올로기'에 대한 것이기 때문이다.

만약 '4대 에스닉'의 구분이 환영을 받고, 보편적으로 에스닉 정체성의 중요 내용으로 받아들여질 경우, 이러한 분류방식으로 분류되지 않은 사람들을 어떻게 처리해야 하는가와 각 에스닉이 어떤 문화적 사회적 특징이 있어서 그들로 하여금 특별한 에스닉 집단을 구성할 수 있게 되었느냐는 그리 중요한 문제가 아니다. 우리가 질문해야 할 문제는 '이러한 식의 구분이 언제 어떠한 상황에서 다른 종류의 분류보다 중요하다고 할 수 있는가?', '왜 그러한가?' 그리고 '무슨 요인 때문에 그렇게 되었는가?'이다.

다중적 에스닉의 신분을 지니고 있는 사람은 신분간에 서로 배척하는 관계를 갖고 있지 않다. 그 어떤 종류의 신분도 항상 그리고 어느 곳에서나 중요한 지위를 차지하지는 않는다. 각 신분별로 특정한 상황에서 나름대로의 의미를 갖고 있다. 그렇기 때문에 진정으로 중요한 문제는 이렇게 각각 차원이 다르고 분열의 정도가 상이한 상황에서 어떠한 분열이 가장 중요한 분열로 채택되어 에스닉을 규정지을 것인가이다. 앞서 제시한 '4대 에스닉'이 현대의 중요한 에스닉 분류를 구성하는 상황에서 볼 때, 단순한 문화적 차이로 실질적인 에스닉 분류의 존재나 에스닉 정체성의 생산을 결정지을 수 없다. 만약 역사적 경험을 통해서 본다면 이들 에스닉 분류의 구조는 항상 그 구성원의 공통된 역사적 경험과 관련되어 있고 또한 그들과 그밖에 '에스닉'이라고 여기는 단체들과 접촉했던 경험과도 관계가 있다. 다른 단체

〈그림 3-2〉 현대 대만에서 상대적 족군분류의 출현시기와 상황

상대성의 족군 구분	출현 시기
"본성인 / 외성인"의 구분	1970년대 이후
"원수민 / 한인"의 구분	1980년대 초기
"객가인 / 민남인"의 구분	1980년대 중기 이후
"외성인 / 민남인"의 구분	1990년대 이후

와 접촉할 때 내가 차별대우 받았다고 느끼는 경우에는 이로 인해 서로 다른 에스닉 집단 분류방식을 발전시키게 된다. 이하 우선 대만의 '4대 에스닉'의 종류를 소개하는데 이는 세 개 조의 상대적인 에스닉 분류의 탄생의 시기와 상황이라고 할 수 있다.

〈그림 3-2〉에서 열거한 4가지의 상대적인 에스닉 분류 속에서 앞의 열(선을 그은 부분)은 스스로 약세 에스닉이라고 생각하는 주체이고, 이들은 통상적으로 자신들을 압박하는 우세 에스닉 집단을 타자로 결정한다. 여기서 반드시 강조할 점은 현재 제기한 4대 에스닉 집단이란 사실상 1990년대에 민진당의 정치인들이 각기 다른 역사시기에서 발전시켜온 각기 다른 에스닉 분류를 하나로 취합한 결과이다. 비록 일반적인 에스닉 운동가들은 자기 에스닉의 존재의 유구성을 강조하고 있지만 이러한 '에스닉 상상'은 일반인들이 받아들인 후에서야 비로소 나타난 새로운 관점이다.

우리는 대만 현재의 '에스닉 상상'의 시초가 대략 1980년대 초부터 싹튼 것이라고 본다. 이러한 주장은 과거에 일반적으로 대만의 에스닉 집단관계가 전후에 본성인과 외성인의 접촉에서부터 시작했다는 생각과는 크게 차이가 있다. 다음에서 이러한 관점에 대해 자세히 언급하겠다. 여기에서는 먼저 대만의 '에스닉 상상'의 기원에 대해 살펴보고자 한다.

제 4 장

대만 '에스닉 상상'의 기원

'본성인'/'외성인' 에스닉 의식의 형성과정

1. 과거의 차이 (1945년 이전)

대만의 '본성인' 분류는 1945년 제 2차 세계대전이 종결되고 대만이 중국 통치로 다시 복귀한 후에 나타난 분류이다. 일제 통치하에서 대만인들은 스스로를 '본도인'(本島人)이라고 칭했고, 일본인들을 '내지인'(內地人)이라고 칭했다. 대만이 광복된 후 국민정부는 대만에 성(省)이라는 행정적 지위를 부여하면서부터, '본성', '본성인'이라는 칭호가 자연스럽게 유포되었고 이후 이는 일반인들이 습관적으로 쓰는 용어가 되었다. 대륙의 각 성(省)에서 대만으로 진입한 대만성 이외의 사람들은 자연스럽게 '외성인'이라고 불리게 되었다.

당시 본성인과 외성인 간에는 서로 다른 문화적 체계의 차이가 존재한다고도 할 수 있을 것이다. 비록 대만인들이 중국의 통치로 복귀한다는 것에 대해 매우 높은 기대와 희망을 가지고 있었고, 또한 열심히 북경어를 학습하고, 본토에서 건너온 접수자를 환영했지만 쌍방 간의 차이는 여전히 매우 뚜렷했다.

대만은 일본 식민통치하에서 1920년대부터 현대화의 발전과정에 진입했고, 또한 일본의 문화와 교육을 받아 일본교육을 받고 성장한 신세대를 배출했다. 일본 식민정부 통계에 따르면 식민통치 말기(1940년) 대만에는 이미 70% 정도의 민중들이 일본어를 구사할 수 있었고, 일본어는 대만대중들에게 기존의 각 지방방언 외에 유일한 공용어가 되었다. 상대적으로 중국이 북경어를 '국어'로 결정한 것은 중화민국을 건국한 이후이며, 이때 대만은 이미 일본의 영토였고, 대만의 주민들은 이와 같은 언어의 전환을 경험하지 않았기 때문에 중국의 외성인들이 사용하던 국어에 대해 익숙하지 않았다.

더욱 중요한 것은 50년간의 식민통치를 겪고 난 후 대만 주민들은 단순히 일본문화의 영향만 받은 것이 아니라 일본문화 중 근본적인 가치관까지 받아들이게 되었기 때문에 자신도 모르게 전통적 중국문화의 영향에서 자라난 외성인들과 차이가 생기게 되었다. 특히 근대적 특징과 관련하여 국가, 국민, 법치 및 준법 등의 관념이 그러하다. 게다가 일본은 대만에서 기본적인 공공건설 과정에서 사람들에게 새로운 위생습관을 받아들이도록 했는데 그 목적이야 어디에 있든 대만 사람들의 일상생활 습관을 철저히 변화시킴으로써 결과적으로 대만을 중국의 다른 성보다도 진보된 지역으로 만들어 놓았다.

외성인의 측면에서 본다면 이들은 일본과 전투한 경험이 있기 때문에 많은 수의 외성인들이 일본에 대해 불가피하게 적대감을 가지고 있었다. 1945년 당시 대만 및 대만인들은 외관상으로나 문화적으로 너무나 일본과 일본인을 닮아 있었다.

이러한 과거의 역사적 경험이 생산한 차이는 광복 후에 막 접촉하기 시작한 '본성인'과 '외성인' 간의 뚜렷한 차이를 부각시켰다. 양자 간의 차이는 너무 커서 그 어떤 상상도 필요 없이 아주 뚜렷하게 '나의 에스닉'과 '너의 에스닉'으로 구분할 수 있었다. 그러나 이에 앞서는 그 이전의 차이는 출신성 및 에스닉 분류의 의식을 직접적으로 조성하지는 않았다. 왜냐하면 그 당시 대만인들은 조국의 품에 다시 돌아갈 수 있다는 기대감에 들떠 있었고, 일본통치 시기에 대만인들이 받은 2등 국민이라는 불평등한 지위에서 벗어나서, 스스로 주인행세를 할 수 있다고 생각하고 있었다. 대만인들의 당시 '중국인 의식'은 그들의 언행에서 그대로 흘러나오고 있었다. 그들은 스스로를 혈연적으로 중국인의 후손이라고 생각했고, 외성인과의 차이는 다만 국어 혹은 고국의 문화에 익숙하지 않은 것뿐이라 생각하고 있었다. 그러므로 이러한 차이의 감각은 그 어떤 '불평등 인지'의 요소를 전혀 가지고 있지 않았다.

2. 1947년의 '2·28 사건'

그러나 최초의 접촉과정에서 대륙에서 건너온 새로운 통치자들의 대만인에 대한 정치적 지위의 설정과 조치들은 대만사람들로 하여금 점점 자신들이 차별대우받고 있다는 느낌을 갖게 하였다. 천이(陳儀)의 '대만 행정장관공서'(臺灣 行政長官公署)는 일부 문화정책 조치(광복 후 1년도 되지 않아 일본어 전면 사용금지), 정복자와 같은 통치행태, 정부부처에 대만인 임용기피 및 정부의 청렴도 및 능률 등의 모든 면에서 대만 엘리트와 심지어 일반 민중들에게서조차 의문시되었다. '본성인'들의 근본적 평가기준은 일본 통치시대 정부가 비교적 효율적이고 청렴하여 능률적이라는 데 있었고, 엘리트 및 일반대중들은 '대만 광복' 후 대만사람들이 2등 국민에서 탈피하여 정치적으로도 부각될 수 있을 것이라고 생각하고 있었다. 이러한 기대는 광복 후 일상 정치현실에서 거듭 좌절당했다. 언론매체의 다수 백성들의 불만에 대한 보도 그리고 행정장관, 공서관원의 부정부패, 정부부처의 인사정책에서 본성인 배제와 외성인 임용 등에 관한 폭로는 점차적으로 대만 주민들에게는 '본성인'들이 '외성인'들로부터 차별대우받고 있다는 것을 강하게 느끼도록 하였다.[1)]

이와 같이 누적된 사회적 긴장은 대만 광복 후 18개월 후 1947년 2월 27일 불법담배단속의 유혈사건으로 발생하여 그 다음날 대만 각지의 반항을 불러일으켜 '2·28 사건'으로 비화되었다. 그 후에 '2·28 사건처리위원회'의 구성 및 동원과정에서 본성인 엘리트들은 더욱 노골적으로 본성인들의 정치적 지위 및 권력의 배분에 있어서 행정장

1) 이러한 사건의 토론과 보도와 관련해서는 Lai, Myers, and Wei(1991)과 李筱峰(1986), "戰後初期臺灣的民意代表", 臺北: 自立晚報, pp. 203~206을 참조할 것.

관공서로부터 불공정한 대접을 받고 있음을 명백히 지적하고 보다 확대된 정치적 참여를 요구하였다.

'2·28 사건' 직전과 그 사건의 과정에서 '외성인'에 상대적인 '본성인'의 집단적 불평등 인식은 가종 매체의 민원 및 정부의 부정부패에 대한 보도 그리고 각종 민간사회의 동원에 의해서 전례 없이 고조되었다. '2·28 사건처리위원회'는 3월 7일 제시한 32조 요구에 정부 각 부문에 보다 많은 본성인을 임용할 것에 대한 요구를 몇 개 포함시켰고, 또한 전매제도의 취소 및 일본 재산처리과정에 대만 본성인도 반드시 포함시켜 줄 것을 요구하였다.[2] 이것이야말로 많은 본성인들이 스스로 천이 행정장관공서 통치하에서 정치적으로 불평등을 그리고 경제적으로는 박탈을 받고 있다고 생각하고 있었으며, 이를 시정하려고 했었다는 것을 보여주는 가장 좋은 예이다.

그러나 우리가 또 유의할 점은 '2·28 사건처리위원회'에서 이러한 개혁요구를 하던 시기에도 외성인과 본성인들 간에는 큰 차이가 있었지만 서로 구별하여 보편적인 적대감으로까지는 발전하지는 않았다는 점이다. 비록 사건과정에서 많은 본성인들이 외성인을 살해하거나 구타한 사례도 있었지만, 여전히 많은 본성인들은 그 당시의 불공평과 부정부패는 행정장관공서와 부분적인 관리들의 책임이라고 생각하였다. 그들은 중앙의 장제스〔蔣介石〕 주석은 그들의 개혁요구를 들어주고 대만에 지방자치를 실시하는 것에 동의할 것이며 그리하여 정치적 경제적으로 불공평한 상황이 개선될 수 있을 것이라는 희망을 가지고 있었다. 이러한 생각은 사건 발생 후 '2·28 사건처리위원회'가 3월 6일자로 외성동포에게 알리는 '전국 동포에게 고하는 글'〔告全國同胞書〕에서 그 단서를 찾을 수 있다. 이 글의 전문(全文)은 다음과 같다.

친애하는 각 성 동포 여러분, 금번 2·28 사건의 발생과 관련하여 우리

2) 32조 요구와 관련된 구체적인 내용은 李筱峰(1986)을 참조하라.

의 목표는 부정부패한 관리를 숙청하고, 대만성의 정치개혁을 쟁취하자는 것이며, 외성동포를 배척하자는 것은 아닙니다. 우리들은 여러분들이 대만성 정치개혁사업에 참여하는 것을 환영하며, 이로 인해 대만의 밝은 정치가 조속히 이루어지기를 희망합니다. 국가의 각 성의 관심 있는 동포들이 적극 참가하여 우리와 손을 잡기를 희망하며, 발걸음을 같이하여 금번 투쟁의 승리를 쟁취하고자 합니다. 친애하는 동포 여러분, 우리는 같은 황제(黃帝)의 자손이고 한(漢)민족으로서 국가 정치의 흥망은 모든 국민들이 책임을 지고 있습니다. 모두 나라를 사랑하는 열성을 펼쳐서 우리와 같이 전진해 갑시다. 우리는 각 성 동포들의 도움과 협조를 진심으로 환영하며, 2·28 당일 일부 외성동포들이 구타당한 사건은 일시적인 오해의 소치입니다. 우리는 이에 대해 몹시 마음 아프게 생각합니다. 그러나 이는 한편으로 우리 동포들의 재난이기도 합니다. 차후에 이러한 사건의 재발은 절대 없을 것이며, 여러분들은 다 안심하고 나와 이 목표를 향해 매진합시다. 우리의 구호는 대만정치를 개선하고 발전시키는 데 있습니다.

중화민국 만세, 국민정부 만세, 장 주석 만세

(李筱峰(1986), p. 202, 밑줄 그은 부분은 필자가 첨가하였음)

위의 설명을 통해서 알 수 있듯이, 당시 여전히 많은 본성인 엘리트들은 '외성인'을 반항의 대상으로 보지 않았으며 주로 행정장관공서의 시정과오에 초점을 맞추었다. 그러나 3월 9일 본토에서 파견된 증원부대가 대만에 도착한 후 각지에서 진압을 진행하면서 1만여 명의 본성인들이 살해당한 이후 사태의 발전은 이러한 상황을 철저하게 변화시켰다. 군대가 도착하기 전날, 천이는 여전히 거듭 맹세하면서 처리위원회에 대해 결코 본토에 진압병력 파병을 요청하지 않을 것이라고 다짐했다. 그렇기 때문에 이러한 진압성격의 도살은 중앙정부에 실오라기같은 희망을 가졌던 본성인으로 하여금 배반당했다고 생각하도록 하였고, 실망을 주었다.

'본성인'이 '외성인'에 대해 상대적으로 약세 에스닉이라는 생각은

3월 진압 이후 점차 확립되면서 본성인들간에 주된 논조로 자리 잡게 되었다. 이러한 의식 속에서 '본성인'(민중/피통치자)에 상대적인 '외성인'(국가/군대/통치자)이라는 구분은 초기 대만사회에서 가장 뚜렷한 공동체 구분 혹은 공동체 조직의 원칙이 되었다. 언어와 문화적 차이, 정치적 불신임, 게다가 쌍방간 권력상의 차별은 '본성인'과 '외성인'을 점차 두 개의 극한대립의 사회집단이 되도록 만들었다. 본성, 외성이라는 출신성 구분 및 갈등에 대한 주장이 더욱이 핵심 공동체의 에스닉 상상의 범위가 되면서 애초에 존재하던 본성인간의 '복료/객가'의 구분, 복료 중 '장주/천주'의 구분 그리고 정치, 문화 및 사회 분야에서의 중요성은 모두 새로 부각된 공동체 분류에 의해 매몰되는 것으로 보였다.

'본성인'이 약세 에스닉이라는 의식 속에서 설정하는 상대적인 에스닉은 '외성인'이다. 그들은 외성인이 국가기관과 무력을 장악하고 있으므로 절대적 권력을 장악하고 있고, 광복 후에 설립된 '행정장관공서'는 과거 일본 통치시기의 '총독부'와 흡사하여, 견제받지 않는 지상의 권리를 갖고 있는 '신총독부'라고 생각했다. 그러나 '2·28사건'과 3월 진압이 있고 난 뒤 모든 정치활동이 금지당하고, 전면에 나서서 반항했던 본성 출신의 지식인과 엘리트들이 거의 학살되거나 투옥되는 운명을 맞게 되자 일부 엘리트들은 해외(일본이나 미국)로 망명하였고, 잔류한 엘리트들도 백색테러의 박해를 두려워한 나머지 감히 또다시 이러한 단체행동을 일으켜 대항의식을 선전할 엄두도 못 내게 되었다.

정치운동의 동원, 단합 등의 탄압으로 이러한 의식은 에스닉 운동을 통해 선전하거나 전개되지 못했다. 이들은 서로 연계되지 않는 개개인 및 군소집단 속으로 흩어질 수밖에 없었다. 다만 가장 기본적인 사회관계인 가정이나 친인척 혹은 절친한 친구들에 의존하여 이를 유지하고 전달할 수 있었다.

더욱 중요한 것은 이러한 공동체간의 에스닉 분류성의 적대감은 오늘날 우리가 익숙한 '에스닉 의식'과 그 성격에서 분명한 차이가 있다는 것이다.

무엇보다도 본성인은 외성인에 대해 '똑같이 평등한 국가시민'이라는 사고가 전혀 없었다. 비록 광복 초기에 대만인들은 다시 중화민국의 국민이 된다는 것에 대해 무척 기뻐했지만 '2・28 사건' 전후 본성인들이 느낀 차별과 불공평은 본성인들로 하여금 극도의 기대와 희망에서 극단적인 실망으로 돌아서도록 하였고, 이들은 대만과 중국 그리고 본성인과 외성인과의 관계에 대해서 새로운 관점을 갖도록 하였다. 광복 전후에는 많은 본성인들이 일제 통치하에서 2등 국민이라는 불평등한 대우를 받았다고 느꼈기 때문에 '조국'인 중국에 대해 상당한 기대를 갖고 있었다. 그리고 군기가 엄격한 일본군을 물리친 중국군대에 대해서 실상을 초월한 기대와 평가를 가졌다. 전쟁 말기의 '카이로 회담'에서 중국이 세계 4강(중, 미, 영, 소) 중 하나라는 사실에 대해 대만인들은 더욱이 스스로 중국인임을 자랑스럽게 생각했다. 그러나 대만 광복 후 국민당이 대만을 접수하기 위해 파견한 '행정장관공서'의 행정효율과 법치관념 그리고 관리 개개인의 품행을 통해서 보았을 때 실로 일본 식민정부에 미치지 못했으며 접수하는 군대의 군기는 더욱 더 과거 일본군에 비할 바가 못 되었다.

실질적으로 중국과 접촉한 이후, 과거 일본 통치와 비교하면서 대만 민간에는 '2・28 사건' 전부터 '개가 가더니 돼지가 왔다'는 말을 하며 실망하게 되었다. 개로서 일본 통치자의 무서움을 비유했고, 돼지로서 중국 통치자의 탐욕을 비유했다. 더욱 중요한 것은 대만은 이미 일본 통치하에서 초보적인 현대화 과정을 거쳤다는 것이다. 물질적 건설 이외에 대만인들은 교육 보급률, 법치관념, 정부에 대한 기대에 있어서 이미 근대국가의 개념이 형성되어 있었다. 이로 인해 상대적으로 중국은 낙후된 국가 및 문명으로 인식되었다. '2・28 사건'의 발생원인

(관리가 불법담배판매자 및 그 구매자를 단속한 것), 사건의 경과(행정장관공서의 위병들이 항의군중에 대해 기관총을 난사), 처리방식(천이는 한편으로 사건처리위원회에 대해 본토로부터 병력요청을 하지 않을 것이라 다짐하면서 한편으로는 중앙정부에게 파병진압을 요청) 그리고 사건 후의 진압(체계적인 본성 엘리트 및 지식인들의 제거) 등이 모두 대만인들로 하여금 중국은 법치도 없고, 사람목숨을 파리목숨으로 여기는 낙후된 국가와 정권이라고 생각하도록 하였다. 게다가 중국인은 신용을 지키지 않으며 음흉하고, 교활하고 무뚝뚝하다는 인식을 갖게 되었다.

'2·28 사건' 이후 많은 본성인 지식인들은 중국에 대해 철저하게 실망한 나머지 "나는 내 몸에서 중국인의 피가 흐르고 있는 것에 대해 치욕스럽게 생각한다"라는 말까지 하였다.

혈연관계를 특별히 강조하는 중국인들의 민족관념에서 볼 때 이러한 관념은 '조상을 배반한 것'(數典忘祖)이라고도 볼 수 있다. 그러나 당시 대만사람들의 국가나 민족에 대한 개념은 이미 중국인들과 차이가 있었다. 일본인의 식민통치를 겪으면서 근대국가와 시민 개념을 도입했고, 특히 태평양 전쟁 후 식민정부가 '황민화 정책'을 채택하면서, 대만인들을 일본인들과 동등한 권리를 갖는 공민으로 인정함으로써, 대만인들은 국가와 국민의 신분은 반드시 혈연이 같아야 한다는 생각을 버리게 되었다. 대만사람들은 문화, 혈연 그리고 시민의 신분 사이에는 필연적이고 신성한 관련이 있다고 보지 않았다. '중국'은 혈연상의 아버지의 나라이지만 이것이 반드시 문화 혹은 시민신분에서 유일한 선택이어야 할 필요는 없었다.

실질적으로 중국 관리들과 접촉한 후에 중국의 낙후되고, 독재적이고, 야만스럽고, 개인적 정치상황과 문명을 존중하지 않는 면을 일본의 진보적이고, 문명적이고, 개인의 권익과 문화적 특성을 존중했던 것과 대비한 결과, 본성인들(특히 지식인이나 엘리트)은 더욱 더 일본문화와 일본 통치하의 시민신분을 그리워하게 되었고 그 과정에서 심리적으로 '외성인'을 배척하게 되어, 한 국가체제에서 동격의 시민이라는 생각을 거부하도록 하였다. 이들은 스스로 중국에서 건너온 외성인보다 자신들이 더 진보되었고 문명적이라고 생각했다. 이러한 의식하에 본성인과 외성인의 차이는 문화적으로 상이할 뿐만 아니라 이미 높고 낮음과 우열의 구분으로 변화하였다.

이와 마찬가지로, 외성인 관리들은 대만인들이 50여 년간 일본 통치를 겪은 나머지 이미 일본문화에 종속되어 있고, 나아가서 혈통상으로도 좋지 않은 영향을 받았고, 따라서 혈연과 문화상에서 모두 열등하기 때문에 개조되어야 한다고 생각하였다. 이와 같은 종족주의적인 이데올로기와 사고로 행정장관공서와 이후 국민정부 모두 대만인과 대만 문화를 존중하지 않게 되었으며, 강력한 문화정책의 방법을 통해 대만에 있는 일본문화와 본토문화를 압살하고자 하였다.

이러한 상황에서 1947년 '2·28 사건' 충돌 이후 본성인과 외성인 양자는 모두 상대방을 동일한 정치체제하에서 평등한 공민신분을 가진 '타인'으로 생각하지 않았다. 본래 근대적 공민과 국가개념을 가지고 있던 본성인들은 아직도 이와 유사한 개념조차 없는 중국 통치자들과 조우하면서 평등한 공민의 정치적 권리를 요구했다는 이유로 학살과 진압을 당한 이후에는 원천적으로 평등한 국민권리라는 사치를 감히 요구하지 못했다.

일반 민중들은 본성인과 외성인과의 관계가 도대체 무엇인가에 대해서 경계가 분명한 대립 이외에 다른 공통되거나 주된 관점을 가지고 있지 않았다. 다수는 각기 자신의 서로 다른 경험으로 인해 '출신성 관계'에 대해 자기 나름대로의 특별한 관점을 가지고 있었으나, 정치활동이 금기시되어 있었기 때문에 상호간에 이러한 견해를 교류하지 못했다.

보다 중요한 것은 이어지는 역사와 사회적 발전도 상당부분 이와 같은 분류의식의 발전과 확산에 불리하게 작용하였다는 것이다.

3. 1949년 국민정부의 대만으로의 철수

1949년 국민정부는 국공내전에 실패한 후 차례로 약 1백만 명의 군인과 민간인을 데리고 대만으로 철수하였고, 단시일 내에 본토를 반격하기 위해 대만을 공산당의 반란에 대항하기 위한 잠정적인 '부흥기지'로 삼았다. 국민정부의 대만천도와 본토수복이라는 정치적 목표 그리고 대규모 외성군인과 민간인의 진입으로 대만은 동원감란[3]의 체제하에서 사회와 정치의 재편성을 진행하였다. 전체중앙정부 체제를 일시적으로 대만으로 옮겨놓았기 때문에 중국 주권에 대한 대표성을 유지하기 위하여 국민정부는 '동원감란 임시조례'를 제정하고, 일시적으로 국회의 전면적 재선을 동결하였다.

대만의 본성인들은 이주해 온 정부의 정치권력 구도에서 특히 중앙정부와 3개 국회(입법원, 감찰원 및 국민대회)에서 차지하는 비율이 기본적으로 하나의 지방성(중화민국 35개성의 구조)의 위상밖에 되지 않았다. 대만의 본성인은 총인구의 85%를 차지하고 있지만 1970년 이전 재선이 불필요한 국회에서 대만성 출신 대표는 전체 의석의 10%도 되지 않았다. 본성인들은 1970년부터 1991년 국민대표대회와 1992년 입법위원을 전면 개선하기 전까지 다만 이른바 '증액선거'(增額選擧)에서 전체 20%에도 못 미치는 의석밖에 얻을 수 없었다.

그러나 대만민중들이 세금을 내고 병력자원을 제공하는 상황에서 국민정부는 계속해서 중국을 대표한다고 했다. 그렇기 때문에 대만 이주초기 외성인이 통제했던 중앙권력 구조의 이러한 행위는, 본성민중으로 하여금 공개적이고 보편적인 의문을 갖게 했고, 그들의 압박받는 에스닉 의식을 발전시키도록 하였다. '2·28 사건' 진압의 교훈으로 인해 많은 본성 엘리트들이 감히 이의를 제기하지 못하게 된 것 외에도

3) 역자 주: 이는 '국가 비상사태'의 선포를 말한다.

다른 하나의 중요한 요소는 국민정부가 대만으로 천도한 초기 외적 환경의 정세가 본성민중들로 하여금 '중국 법통'의 합법성과 합리성에 대해서 의문시할 수 없도록 하였다.

1950년대, 국공전쟁의 그림자는 대만에 해전과 공중전을 가져왔다. 1954년 중·미 합동방위조약의 체결과 1958년 금문도 포전(823포전)의 사건 등이 벌어지는 상황에서 여전히 중국으로부터 실질적 위협이 있었다. 국민정부의 '본토수복'이라는 정치적 군사적 목표는 신성하고도 도전할 수 없는 국가적 목표였다. 한편 외부적 환경에서 볼 때, 대만에 있는 정권이 중국에 유일한 합법정부라는 주장도 계속 세계 각국의 인정을 받고 있었다. 대만정권은 '연합국'의 회원이면서도 안보리 이사국이라는 신분을 유지하는 것 외에 세계 다수국가들과 정상적인 외교관계를 유지하고 있었다.

〈그림 4-1〉 대만과 중국의 수교국 수의 역사적인 변천, 1950~1992

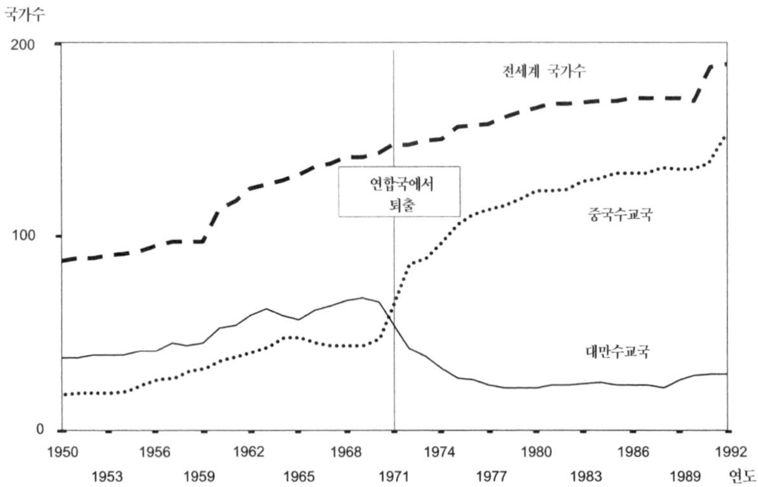

출처: 高朗, 《中華民國外交關係之變遷(1950~1972)》, 臺北: 五南圖書出版公司, 1993; 《中華民國外交關係之變遷(1972~1992)》, 臺北: 五南圖書出版公司, 1994, 이 두 권의 책을 취합하여 재정리함.

〈그림 4-1〉에서 알 수 있듯이, 1949년 중국공산당이 중화인민공화국의 수립을 선포한 날부터 1971년 대만이 연합국에서 축출될 때까지 대만이 국제사회에서 얻은 외교적인 승인은 여전히 중국에 비해서 많았다. 수교국 수로 볼 때 대만의 수교국은 1971년 최고에 달해 중국보다 많았으며, 1971년 이후 국제적 승인의 변화로 인해 중국의 수교국가 수가 대만을 추월하게 되었다. 1960년대 미국은 대만을 승인하였을 뿐만 아니라 대만에 대해 군사원조와 경제적 원조를 제공했고, 제 7함대를 파견하여 대만해협을 방어하도록 하였다.

나아가 대만이 연합국에서 축출된 후에도 미국은 계속 대만을 승인했고, 1978년이 되어서야 중국과 수교하면서 대만과 단교하였다. 이러한 상황은 전부 국제적으로, 특히 미국이 대만이 합법적으로 '중국을 대표하고 있다'는 것을 지지하고 있음을 알 수 있다.

이러한 내외적인 조건의 배합하에서 국민정부는 국가비상시기의 임무에 부응하기 위해 '동원감란 시기의 중국 민족주의'의 구축에 주력하였고, 이를 적극 선전하여 이를 대만사회에서 주도적인 국가이념이 되게 하였고, 그 결과 비판세력이 효과적인 대항을 위한 주장을 내세우기 어려웠다.

이러한 새로운 중국 민족주의 화법을 통해서 대만으로 천도한 국민정부는 여전히 중국의 유일한 합법정부였고 '불법으로 대륙을 점거'한 '공산비적'들은 새로운 '민족의 적'으로 규정되었다. 이러한 선전을 강화하기 위해 민주적인 '자유중국'을 독재의 '붉은 중국'과 대비시키는 것 외에도 국민정부는 또한 중국대륙의 '공비'들이 중화문화를 파괴하는 간체자 정책, '문화 대혁명'을 실시하는 것을 강조하고 스스로가 중국문화 전통을 수호하기 위해 노력하는 점을 부각시켰다.

'문화대혁명'에 맞서기 위해 장제스 총통은 1966년 11월 '중화문화부흥운동'을 전개하여 대만이 중국문화의 정통을 계승하고 있음을 과시하였다. 주관부처인 '중국문화부흥총회'는 '중화문화'에 관한 각종 서적 및 문예작품을 편찬 및 출판하는 것 외에도 민간 및 대학 내에 지회를 설치하여 이와 같은 문화운동을 보급하면서 표준 국가문화(예를 들어 '국어', '국악', '국극', '국민생활필독' 등)를 건립하고 추진하였다.[4] 정권의 합법성과 정통성을 강조하기 위해서 국민정부는 '중화민국'의 역사를 재설정하기 시작하면서 황제(黃帝), 우탕(禹湯), 문무(文武), 주공(周公) 이래의 중화민족 정권과의 일맥 상통성을 강조하고, 국가의 역사를 표준화하였고, 이를 각급학교의 교과서에 수록하여 학생들에게 '중국 민족주의'를 가르쳐서 문화, 혈연, 그리고 정권이 전부 하나로 합해진다는 민족국가 관념을 강조하였다.

〈그림 4-2〉의 '동원감란시기 중국 민족주의'의 구체적인 내용으로 볼 때, 본성인이 받은 정치권력의 불평등한 분배 이외에도 대만의 토

〈그림 4-2〉 동원감란 시기 중국 민족주의 내용

선조, 진원지, 언어문화, 과거의 영광과 고난, 적(敵)
황제(黃帝), 황하유역·중원, 중국어·5천년 중화문화, 한당성세(漢唐盛世), 서방열강의 침략, 항일전

↑ ↑

우리는 누구이며, 적은 누구인가?
중화민족·염황(炎黃)의 자손·중국인, 대륙을 훔친 공산비적

↓ ↓

민족의 미래의 정치적 문화적 이상
대륙의 산천을 회복, 통일된 중국을 유지, 중국문화의 선양

출처: 王甫昌(1996: 146), 〈그림 1〉.

---

4) '중화문화부흥운동'의 발전경과에 대해서는 楊聰榮(1992), 〈文化建構與國民認同〉, 新竹: 國立清華大學社會人類學研究所 석사논문을 참조하라.

착문화 또한 이러한 논설하에서 중국문화의 억압을 받았다. '국어보급운동' 및 '중화문화 부흥'이라는 민족주의 목표와 슬로건하에서 대만 본토의 언어와 문화(방언과 일본어 포함)는 모두 제거되어야 하는 대상이 되었나.

정치권력상의 불평등과 언어문화가 압박받는 상황이 있었음에도 불구하고, 본성인의 에스닉 의식은 진일보된 발전이나 확산이 없었다. 다수의 본성인들이 비록 외성인과 차이를 느끼고 또한 본성인들이 불평등한 대우를 받고 있다고 인정했지만 이러한 화제들을 공개적으로 거론하는 것이 금지되었기 때문에 불만이 비교적 사사로운 장소로 흩어져 산발적인 장소에서 나타났고 보편적으로 중시하는 공통적인 의제로 나타나지는 못했다. 더욱이 에스닉 의식의 정치적 동원은 생각도 할 수 없었다. 이와 반대로 중국 민족주의의 이데올로기와 중국에 대한 정체성은 국가가 장악한 대중매체 문화출판 사업을 통해 그리고 학교 교육체제의 강력한 홍보로 점차 사회구성원들(특히 제 2차 세계대전 이후에 출생하고 성장한 세대)의 주류관점이 되었다.

본성 엘리트들은 '중국 민족주의'의 주장에 효과적으로 대항할 수 없었기 때문에 '본토수복'이라는 목표 혹은 외성인의 중앙정부 권력독점, 그리고 토착문화에 대한 압박에 대해 동의하지는 않았지만, 외부 정세의 영향을 받아 국민당의 합법성 홍보를 저지하거나 반대하는 주장을 내세우기 힘들었고, 또한 그렇기 때문에 조직적인 에스닉 의식을 발전시킬 수 없었다.

그러나 1950년에서 1970년의 기간 동안 본성인과 외성인은 명백한 간극과 대립이 있었음에도 불구하고, 역사적 우연에 의해 통합적 상태로 유지되고 있었고, 압박으로 말미암아 사회적 상호활동과 정합을 진행하게 되었다. 공통된 생활경험, 같은 학교, 같은 직장, 친구관계의 형성, 혼인 등을 통해서 본래 사회생활 레벨에서 선이 분명하게 그어져 있던 출신성의 간극이 차세대에서는 점차 와해되고 있었다. 이를 감지하는지의 여부나 혹은 원하는가에 대한 여부는 차치하고 본성인과 외성인은 이러한 역사적인 과정 속에서 이미 점차 같은 주권 통제하의 공동운명체에서 생활하고 있었다.

본토에서 철수한 후 대만과 중국의 장기간의 격리, 그리고 각기 다른 발전의 궤적은 대만의 모든 주민들에게 점차적으로 과거에 존재하지 않았던 국민간의 '사회적 연대'(*social solidarity*)를 출현시켰다. 국민정부는 실질적 유효통치의 범위인, 즉 대만, 팽호(澎湖), 금문(金門), 마조(馬祖)에서 실질적 주권의 일상적인 정치적 운용하에 점차적으로 하나의 실제적인 국가 상상의 경계를 형성해 갈 수 있었다.

이러한 유효통치라는 지리적 환경 속에 거주하는 사람들(외국인 제외)은 자연적으로 '국민'의 범위 안에 들어가게 되었다. 이른바 '국민이 마땅히 누려야 할 권리와 져야 할 의무', 즉 투표 및 피선거권, 헌법이 보장하는 공민권, 법률이 정하는 범위와 납세, 병역 등은 이들 '국민'에게만 적용되는 것이다.

국민정부는 스스로 대륙을 포함하여 전체 중국을 대표하고 있다고 주장하고, 상징적인 것(예를 들어, '중화민국 지도')에서 최대한으로 이러한 주장을 견지하려고 했다. 그러나 사실상 중국대륙의 인민들은 대만의 공민으로서의 권리를 누릴 수 없고, 대만에 대해서 국민으로서의 의무도 없었다. 국민정부는 대만으로 천도한 이후에도 매년 정기적으로 '중화민국 통계제요'를 출판하고, 10년마다 '호구조사'를 실시했지만 실상은 효과적으로 통제할 수 있는 지역과 거기 살고 있는 인민들을 주요 통계보고 범위로 삼고 있었다.

이러한 공통된 경험은 본성인과 외성인 간의 문화와 사회적인 간격 외에도 또 다른 새로운 사회적 연대, 즉 공통된 '국민'정서를 형성하게 하였다. 이는 대만에서 차후에 나타난 '에스닉 상상'에 필요한 문화적 기반을 제공하였다.

4. 1970년대 이후 저항운동의 도전

〈대만정론〉(臺灣政論)
창간호 표지

1970년대 이후 국내외 정세의 역전은 본성인의 '약세 에스닉 의식'의 새로운 발전 기회를 가져왔다. 이러한 역전은 1971년 대만이 연합국에서 축출된 외교적 좌절사건에서부터 시작되었다. 국민정부가 대만으로 철수하고 22년이 지나면서 본토수복이라는 목표가 점차 불가능해졌기 때문이다. 반면에 중국 공산당정권은 국제외교상에서 합법적인 중국대표의 지위를 확보하는 노력을 계속했는데 이것이 1960년대 말기부터 점차 효과를 보게 되었다.

이러한 사건들의 충격 속에서 국민당이 애초 선언했던 중국 법통은 그 뿌리부터 썩고 유실되고 있었다. 이러한 상황에서 대만 내부의 민주적 요구인 정치참여에 대한 요구가 그치지 않았다. 1960대 〈자유중국〉(自由中國) 잡지의 정당결성 시도 및 1970년대 〈대학〉(大學) 잡지가 민주적 개혁의 요구와 같은 도전정신을 발현하면서 국민당 일당독재의 정치적 합리화를 가능하게 했던 일련의 신화들이 의문시되거나 도전받게 되었다. 국민당 정부는 이러한 민주개혁을 요구하는 압력으로 마지못해 1972년 이후 '중앙공직인원 증액선거'(국민대회대표 및 입법위원 증액선거)를 개방하였다.

대만의 본토적 성격의 저항운동은 1970년대 중반 이후 전후에 성장한 세대들의 출현으로 대만의 정치자유화와 민주적 개혁을 요구하게 되었다. 1975년 신세대 당외(黨外)인사들은 최초로 당외 잡지인 〈대만정론〉(臺灣政論)을 출판하였는데 이는 토착적 성격의 민주운동 도전 의 대표라고 할 수 있다. 이 시기에는 과거에 없었던 두 가지 중요한 발전이 있었다.

첫째, 민주화에 대한 호소이다. 여기는 암묵적으로 평등한 공민권이라는 개념이 포함되어 있다. 이러한 평등한 공민권의 실시범위는 국민정부가 실질적으로 통치하는 '대만, 팽호, 금문, 마조'에 국한된다. 국민당 정부는 대만으로 천도한 후에 대만에 이중적 정치구조—'중앙정부'와 '지방정부'—를 구축하였다. 중앙정부와 중앙민의대표(입법원, 국민대회)는 근본적으로 국민당 정부를 따라 대만으로 천도해 온 외성인 정치엘리트들이 장악했고, 현지 주민들의 정기적 선거에 의해 제약을 받지 않는다. 한편, 지방 현(縣)과 시(市)정부는 대만인(본성인과 외성인 포함)들이 정기적 선거를 할 수 있도록 허용하였다. 그렇기 때문에 1970년대 이전 대만인민들은 총통선거를 할 수 없었을 뿐만 아니라 입법위원, 국민대표, 나아가 대만성 주석, 대북시장(직할시로 승격된 이후)을 선출할 수 없었다. 이러한 직위는 국민당이 일방적으로 임명하거나 파견하였다. 그러므로 과거의 저항 엘리트들은 지방의 정치권력밖에 쟁취하지 못했고, 중앙정부의 권력구도에 대해서는 바늘 하나 찌를 자리도 없었다. 게다가 국민당 정부는 지방파벌에 대한 회유를 통해서 다수의 지방권력 또한 국민당 소속 본성인의 손아귀에 들어가도록 만들었다.

1972년 허용된 중앙공직의 인원 증액선거는 대만민중들이 중앙정부 권력구조에 참여할 수 있는 기회였다. 일단 증액선거를 허용하자 정부는 할 수 없이 '국가의 실질적 통치범위'와 '대외적으로 주장하는 국가범위' 간의 격차를 어떻게 해결해야 하는가에 대해 토론의 문을 열어놓지 않을 수 없게 되었다.

둘째, 1970년대 중반 이전 대만의 지방에 있던 저항엘리트들은 개별적으로 투쟁하였고, 다른 지역의 사람들과의 연계는 극히 드물었다. 1972년 이후 개방된 중앙민 대표의 증액선거는 지방 현, 시를 초월한 선거구 제도를 갖고 있었다. 그러므로 도전자들은 반드시 지방범주를 초월한 협력관계나 지지기반을 확보해야만 승리할 수 있었다. 그 중 1972, 1975년에 입법위원 증액선거에서 대만성의 20개의 현, 시를 전부 6개 선거구로 나누고, 여기에 대북시, 복건성을 합해 8개 성이 되었다. 1980년은 고웅시를 추가하여 모두 9개 선거구가 되었다. 이러한 선거구 제도의 구상은 애초에는 조직동원에 능한 국민당이 선거를 통해 조직되지 않은 당외 인사들을 이기기 위해 책정한 것이었다. 그러나 이는 엉뚱하게도 당외 인사들의 단합 및 연대를 촉진시키는 결과를 가져왔다. 1977년 5개 지방공직인원 선거에서 각지에 분산되어 있는 '당외인사'들은 최초로 대만 전체의 연대를 구성할 수 있었다.

〈미려도〉(美麗島)
창간호 표지

그리하여 입법위원 황신졔〔黃信介〕, 캉닝상〔康寧祥〕이 대만성 각지를 돌며 지원유세를 나섰다. 학자인 리샤오펑〔李筱峰〕은 당시의 역사를 연구하면서 '이번 선거를 통해 무소속은 이미 과거의 고군분투하는 저항론자가 아니라 점차 전체적으로 하나의 '정치단체'의 모습을 갖추게 되었다'[5] 고 평가했다. 1978년의 증액입법위원선거에서 당외 정치단체들은 '대만 당외인사선거지원단'을 구성하고, '12개 대정치건설'을 제시하면서 이를 대만의 모든 당외 후보들의 공통된 공약으로 내세웠다(이 선거는 '중·미 단교'로 인해서 실시가 연기되었다).[6]

1979년 8월 당외 정치단체들은 〈미려도〉(美麗島)라는 잡지 제 1호

5) 李筱峰(1987), 《臺灣民主運動40年》, 臺灣: 自立晩報, p. 127.

6) '12개 대정치건설'의 내용은 李筱峰(1987), pp. 128~9 참조.

를 발간하여 정치이념을 홍보하고 조직간 연락의 기초로 삼았다. 〈미려도〉는 잡지간행 외에도 대만각지에 지사를 설립하기 시작하였다. 제 4호(11월 출간, 마지막 호)가 출간될 때까지 잡지의 뒷면에는 이미 대만 각지 11개의 보급소〔기륭(基隆), 도원(桃園), 대중(臺中), 남투(南投)현, 운림(雲林), 고웅(高雄)시, 고웅현, 병동(屛東)현〕가 기록되어 있었고, 이와 동시에 대만 각지의 91명에 달하는 저명한 당외 인사를 '사무위원'[7]으로 위촉하는 등, 은연중에 대만전역을 커버하는 정치단체의 모형을 나타내었다.

상술한 두 가지의 공민권 개념 및 조직제도의 변화는 저항세력들의 대만을 범위로 하는 에스닉 상상 발족과 본성인의 '약세 에스닉 의식'의 확산에 결정적 영향을 미쳤다. '2·28 사건' 이후 국민당 정부는 사건이 대만 전역으로 확산될 것을 염려하여 대만사회에 대해서 엄격한 통제수단을 채택함으로써 원천적으로 대만전역을 커버하는 조직의 존재를 허용하지 않았다. 비록 지방 차원의 선거에서 비국민당계의 저항론자들이 상당한 정도의 지지역량을 갖고 있었지만 이들은 각지에 분산되어 있었고, 상호간의 조직 및 이념적인 연대가 없었기 때문에 전면적인 도전세력으로 성장하지 못했다.

이런 상황은 1970년대 후반에 중대한 변화를 겪는다. 〈미려도〉라는 대만 전지역의 조직적 연계를 통해 대만 각지의 저항세력들은 유사한 생각을 가지고 있는 제 3자와 접촉할 수 있는 기회를 갖게 되었으며, 애초에 서로 달랐던 사고방식을 점차적으로 일치된 저항이념과 공감대로 조정시킬 수 있었다. 〈대만정론〉(1975), 〈미려도〉(1979)

---

7) 〈미려도〉 잡지의 제 1호 뒤표지에는 각지의 보급소가 예시되지 않고, 단지 61명의 사무위원의 명단만 나열되어 있다. 제 2호에서는 9개의 보급소의 주소, 전화, 책임자 그리고 81명의 사무위원 명단이 게재되었다. 제 3호에는 11개 지역의 보급소 및 82명의 사무위원 명단을 게재하였다. 상기 내용은 〈미려도〉의 뒤표지 참조할 것.

屏東里港養猪專業區農戶
由本社人員陪同往經濟部陳情

台中美麗島之夜

社務委員：方宇寶 王 拓 王俊賓 王淑英 王燈岸 包奕洪 田朝明 呂秀蓮 何文振 何春木 余陳月瑛
李友禮 李發隆 林 二 林文郎 林景元 林義雄 林樂善 孟祥柯 邱茂男 邱連輝 邱榮增
吳仁輔 吳哲朗 吳博忠 周平德 周淑夜 周滄淵 洪照男 紀萬生 施明德 姚嘉文 范政祜
范政雄 高鈴鴻 郭尚五 郭榮森 孫正志 康水木 康寧祥 許世賢 許信良 許哲男 許榮淑
陳金德 陳武勳 陳唐山 陳泰源 陳採龍 陳善同 陳婉真 陳 菊 陳鼓應 陳博文 陳進炮
陳弘毅 黃天福 黃友仁 黃玉嬌 黃信介 黃昭凱 黃重光 黃淑貞 黃順興 黃煌雄 黃 鷹
黃耀輝 曾心儀 張火源 張宜宜 張春男 張俊宏 張瑞瑛 張德銘 傅文政 趙綉娃 楊青矗
楊 逵 鄭勝助 劉峯松 蔡介雄 蔡 英 廖銘義 謝秀雄 謝 科 謝三升 謝土枝 簡錦益
蘇洪月嬌 蘇洽星 蘇秋鎮（以姓氏筆劃爲序）

發行人：黃信介
發行管理人：林義雄律師・姚嘉文律師
美麗島基金管理委員會 主任委員：姚嘉文
委員：呂秀蓮 林義雄 施明德 許信良 張俊宏 張德銘 黃天福 黃信介（以姓氏筆劃爲序）

社長：許信良（出國） 代理社長：黃天福
副社長：呂秀蓮 黃天福

總編輯：張俊宏
編 輯：王 拓 呂秀蓮 吳哲朗 林義雄 施明德 姚嘉文 張富忠 許信良 陳 菊 陳忠信 陳博文
黃天福 黃煌雄 楊青矗 謝三升 謝秀雄 魏廷朝 蘇慶黎（以姓氏筆劃爲序）

總經理：施明德
基隆服務處 主任：林文宗 地址：義一路97巷9號二樓 電話：(032)240413
桃園服務處 主任：吳仁輔 地址：中壢市建國北路31號 電話：(034)422751
台中縣服務處 主任：林 溫 地址：台中大里中興路二段834號(南門橋邊) 電話：(042)290498
台中市服務處 主任：吳哲朗 地址：中興路二段843號(南門橋邊) 電話：(042)256132・279773
南投縣服務處 主任：陳採龍 地址：南投鎮三和里中興路591號 電話：(049)223248
雲林服務處：主任：黃 鷹 地址：雲林縣虎尾鎮光復路305號 電話：(056)323114
台南縣服務處 主任：謝三升 地址：學甲鎮中正路41號 電話：(067)834630
台南市服務處 主任：謝秀雄 地址：台南市海安路47巷8號 電話：(062)227116
高雄市服務處 主任：楊青矗 地址：中山一路53號(大同一路交叉口) 電話：(07)2617963
高雄縣服務處 主任：林景元 地址：鳳山市鳳松路160號 電話：(07)7462272
屏東縣服務處 主任：邱茂男 地址：屏東市中正路155～1號 電話：(087)332829・325282(087)
全美總經銷：FORMOSA MAGAZINE, P. O. BOX 7924 ANN ARBOR, MICHIGAN 48107
全美連絡處：FORMOSA MAGAZINE, P. O. BOX 768 JAMAICA, NY 11431
加拿大總經銷：P. O. BOX 84, STATION Q TORONTO, ONT M4T 2L7 CANADA
日本總經銷：160東京都新宿區西新宿4-28-11 マンション十二社，401室 台灣學生聯誼會

發行所 台北市重慶北路三段137巷23號
編輯部・經理部：台北市仁愛路三段23號九樓之一 電話：(02)7516301・7517774
創刊：中華民國六十八年八月十六日
登記證：局版台誌字2041號
郵政登記：中華郵政台字第4307號執照登記爲新聞紙類
印刷所：三榮印刷廠 台北市重慶北路三段223巷15號

零售：國內每册新台幣40元 國外每册美金2元
訂閱：國內全年十二期400元 半年六期200元 國外航郵全年歐美地區美金24元 亞太地區美金19元
港澳地區美金17元
郵政劃撥：144674帳戶美麗島雜誌社

〈미려도〉(美麗島)잡지 제 4기 뒤표지

라는 두 권의 중요한 당외 잡지는 저항의식의 확립과 전파에 지극히 중요한 역할을 하였다. 대만의 민주개혁 이념을 홍보하는 이 두 권의 정론잡지에서는 '국회 전면개선'과 '본성인들의 정치적 기회의 불평등'이 가장 자주 등장하는 토론주제였다. 이 두 주제가 전달하려는 메시지는 이른바 '동원감란 시기'라는 비민주적 정치제도하에서 본성인들은 정치권력의 측면에서 법률적이고 제도적인 차원에서 차별대우를 받는 정치적 약자라는 것이다. 이상과 같은 두 가지 요구는 국민당 정부가 오랜 세월 동안 대만주민들에게 허용하지 않은 정치적 금기인 '출신성별 갈등'에 직접적으로 도전하는 것이었다.

그러나 더욱 중요한 것은 저항인사들이 지역 수준의 정치도전이라는 구도를 넘어서 '대만전체'를 정치적 상상의 범위로 삼았다는 것이다. '국가의 국민은 평등한 정치적 권리를 소유해야 한다'는 개념에 의거하여 저항인사들은 '모든 본성인'들을 정치적 동원 및 에스닉 집단의 불평등 인식을 깨우치는 대상으로 삼았다.

그리하여 1970년대 이후 대만 신세대의 정치적 저항운동인 '민주화'의 도전과정에서 과거에 존재하지 않았던 새로운 형태의 공동체 구분이 점차 생겨나기 시작했다. 이는 '현대 에스닉 분류 상상'의 사고방식이라고 칭할 수 있는데, 여기에는 아래와 같은 세 가지 주요 내용을 포함한다.

(1) 에스닉 구분: 대만사회에서 사람들은 각기 다른 조상의 기원(혹은 각기 다른 대만으로의 이주시기)에 따라서 상이한 문화집단을 구분할 수 있다.
(2) 에스닉 평등: 각 집단간에는 비록 문화적 차이가 있지만 우열과 상하의 구분이 없으며, 각 문화집단의 구성원들은 모두 정치적, 경제적 및 문화적 권리를 포함한 평등한 공민의 권리를 향유해야 한다.
(3) 에스닉에 대한 국가의 의무: 국가는 상이한 문화집단 구성원의 정치적, 경제적, 사회적 및 문화적 기회의 균등을 보장할 의무가 있다.

이상 세 가지 특징 중에서 2번과 3번은 공민의 관계로 자신과 다른 문화집단 간의 관계를 사고하는 것으로서 과거에는 없던 것이었다. 이상 세 가지 내용을 통해서 '에스닉 상상'은 스스로 불평등한 대우를 받고 있다고 생각하는 약자에 의해 비교적 쉽게 발전되고 받아들여질 수 있다는 것을 알 수 있다.

상술한 에스닉 상상에 의하여 만약 한 집단이 그 구성원이 '문화집단'이라는 공통된 신분으로 인해 불평등한 대우를 받았다고 생각하면, 반드시 에스닉의 집단행동을 통해서 국가에 대해 이러한 불평등한 상태(이것이 바로 약세 에스닉의 '에스닉 의식'의 힘이다)를 시정하라고 요구할 수 있을 것이다. 이는 전적으로 새로운 발명이 아니다. 그 가운데 많은 요소들이 실질적으로는 국민당 정부가 대만으로 이주한 후 장기간에 걸쳐 홍보했던 내용들이다. 예를 들면 대만인들은 모두 중화민족의 후손이라는 것과 민주, 평등과 같은 것이다. 저항 운동가들은 다만 '본성인'과 '외성인' 간에 존재하는 모든 문화와 정치권력의 차이를 상술한 상상을 가지고 하나의 논술구조로 삼고, 민주화와 본토화의 요구를 제시한 것이다. 그러므로 '에스닉 상상'은 당시의 민주화의 정치적 요구의 부산물이라고 할 수 있다.

그러나 이와 같은 새로 발명된 공동체 분류상상은 반드시 필연적으로 기존의 다른 공동체 분류상상과 경쟁을 해야 했고, 초기부터 보편적으로 받아들여지고 환영받았던 것은 아니다. 당시의 상황에서 '에스닉 상상'에서 최고 경쟁대상은 '민족 상상'이었다. 1970년대 국민당 정부가 이미 오랫동안 주장해 온 '동원감란 시기'의 '중국 민족주의'가 외교방면에서 좌절을 맛보고 '국난'이 닥쳐오고 있는 정치적 상황에서, 일반 민중은 이미 오래 전부터 '민족 상상'과 국가의 민족주의적 동원에 익숙해져 있었다. 국민당 정부의 적극적인 장려하에 민족적 생존을 추구하는 '민족이익'은 그 도덕의 서열에서 평등한 공민권의 추구라는 '개인적 이익'의 요구보다 우선순위에 있었다. 그러므로 '민족의 존망'이라는 대의명분은 개인의 공민권을 일시적으로 박탈(동원감란 시기) 하는 것을 합리화시키는 데 그리고 민주화의 요구에 대한 억압을 합리화시키는 데 이용되었다.

민주화의 요구에 대항하기 위해 국민당 정부는 당시 일련의 반대활동과 홍보활동을 발동하였다. 다음 두 가지 예를 들어 설명하겠다.

첫째는 학생운동 변론을 개방한 사건이다. 1970년대 초기 본토성의 저항운동이 효과적인 도전으로 형성되기 전에 민주화 운동은 〈대학잡지〉(大學雜誌)가 주요 도전매체였다. 1972년 〈대학잡지〉는 민주화를 선양한다는 전제하에 천구잉〔陳鼓應〕이 집필하고, 학생운동의 개방을 촉구하는 글을 실었다. 오래지 않아 〈중앙일보〉(中央日報)는 구잉〔孤影〕이라는 작가가 쓴 〈어느 소시민의 심경〉(一個小市民的心聲)을 연재함으로서 이에 화답하였다. 그 후 중앙일보사는 이 글들을 하나의 단행본으로 발간하여 각급학교의 학생들에게 읽게 하였고 또한 독후감을 쓰도록 하였다. 구잉의 글이 전달하고자 하는 메시지는 현재의 안정을 중요시해야 하고, 국가동란시기에 민주를 논하는 것과 학생운동을 개방하는 것에 대해 반대의 태도를 표방하고 있었다.[8)]

비록 구잉의 본래 신분은 철저히 은폐되어 공개되지 않았고, 또한 그가 국민당 요원이라고 단정할 만한 아무 증거도 없지만, 국민당 신문인 〈중앙일보〉가 이 글에 대해 적극적으로 선전하고, 적어도 20만부 이상의 단행본을 발행했을 뿐만 아니라 국민당 정부가 학생들에게 읽기를 권장하고, 독후감을 쓰게 한 상황으로 봐서, 우리는 최소한도 그의 취지가 당시 국민당 정부의 입장에 부합되는 것이라고 단정할 수 있다.

두 번째 사례는 〈남해혈서〉(南海血書)의 우화(寓話)이다. 1975년

---

8) 孤影(1972), 《一個小市民的心聲》, 臺北 : 中央日報; 陳鼓應(1972), "開放學生運動", 〈大學雜誌〉, 제 49호, pp. 64~68.

월남 정부가 월맹공산당에 의해 합병된 것은 국민당으로서는 충격적인 사건이었다. 월남과 대만은 모두가 공산정권의 침략위협을 받고 있었기 때문에 월남이 공산당의 수중에 떨어진 것은 감란시기의 이데올로기를 내내적으로 홍보하고 민주화 요구를 공격할 수 있는 좋은 사건이 되었다. 이때 〈남해혈서〉의 출현과 홍보는 바로 이러한 심리의 구체적 표현이다. 〈남해혈서〉는 월남이 적화된 후에 무인도로 표류해 간 보트피플인 구엔띠엔처〔阮天仇〕가 자기 몸의 마지막 남은 피로 쓴 것으로 숨을 거두기 전에 소라 속에 넣어둔 유서이다. 이것은 어민들이 건져내서 우여곡절 끝에 주궤이〔朱桂〕 등 여러 사람들이 번역해 공개된 것으로 알려져 있다.

〈남해혈서〉에서는 베트남이 적화된 원인을 전적으로 베트남 내의 '민주인사'로 지목하고, 이들이 민주라는 미명하에 사회질서를 교란시키고 끝내 베트남이 스스로 혼란에 빠지게 된 나머지 공산당의 손에 넘어가게 되었다고 지적하고 있다. 이들 민주인사들은 월남이 함락되기 전에 이미 제각기 외국으로 떠나버렸고, 잔류한 일반백성들만이 살아서 수모를 당하거나 보트피플이 되었다.

〈남해혈서〉는 그런 의미에서 국민당에 의해 중시되었고, 각급 학생들은 필독해야 했다.[9] 1978년부터 행정원장을 맡았던 쒼윈쉬안〔孫運璿〕은 한걸음 더 나아가 이 일로 하여서 그 당시에 널리 유포되었던 명언을 남겼다. "오늘 우리들이 자유를 위해 투쟁하지 않을 때 내일 우리는 바다에 떠다니는 보트피플로 전락하게 될 것이다." 국민당 정부는 민족적 자유와 존속을 위해서는 개인의 민주적 권리가 일시적으로 희생될 수 있다고 강조하였다. 왜냐하면 민주라는 것은 너무나도 쉽게 '야심분자'들이 '사회질서를 교란'시키는 구실이 될 수 있다는 것

---

9) 朱桂 등 역(1979), 〈南海血書〉, 臺北: 中央日報社; 林獨水(1980), "拙劣的越南寓言-剖析南海血書的眞相", 〈80年代〉, 제 1권, 제 1호, pp. 45~49.

이다. 그리고 본토가 함락되었던 산 증거가 바로 눈앞에 있었다.

두 가지 사건은 모두 국민당 정권이 '민족주의'라는 정서(민족 상상)를 이용해서 날로 고조되는 민주화 요구의 목소리를 잠재우려고 했던 사례이다. 당시 양안관계는 여전히 전쟁상태에 있었기 때문에 민족주의에 대한 호소는 '민주'적 정당성을 강조하는 저항세력들을 상쇄시키는 역할을 하였다. 왜냐하면 민주화의 요구는 민족적 이익이 '정의롭지 못하다'는 것을 부각시킬 수 있는 더욱 고차원적인 도덕적 기준을 확립하지 못하였기 때문이다. 국민당 정부의 강조에 따라 국가의 안정과 민족의 존망을 위해서 부분적으로 개인의 자유를 잠시 희생하는 것이 오히려 현실상황에 부합되는 도덕적인 요구로 받아들여졌다.

이와 같은 정치적 상황으로 일반민중 대부분이 '민족 상상'을 주된 이데올로기로 삼았기 때문에[10], 1979년 고웅의 '미려도 사건'이 정부당국의 탄압을 받고 당외 엘리트들이 대거 검거될 때에도 많은 민의의 지지를 받지 못했고 이로 인해 저항세력은 민주적 개혁을 쟁취하는 과정에서 심각한 좌절을 맛보게 되었다. 이와 더불어 '민주'적 가치관에 의존하여 에스닉간의 평등을 요구하는 '에스닉 상상'도 당시의 민족우선과 국가가 어려움에 처해 있다는 사회적 분위기 속에서, '편협한 지역관념'으로 지목되어 억눌려진 채 대만사회에서 보편적으로 받아들여질 수 있는 개념이 되지 못했다.

10) 심지어 '자유주의 학자'들이 공동 편집한 〈중국논단〉(中國論壇) 잡지에서도, 1982년 출신성별 불평등을 주제로 한 "지역관념문제를 직시하라"는 글을 발표하였다. 여전히 중국 민족주의 상상을 전제로 하면서 출신성을 지역의식으로 간주하였다. 〈中國論壇〉, 156期, 1982년 3월 25일 참조.

5. 1980년대 이후 저항운동의 도전

대만의 '에스닉 상상'은 사실상 또 다른 저항운동의 노선 속에서 그 발전의 기회를 찾고 보편적 개념이 되었다. '미려도(美麗島) 사건'의 좌절을 거치면서 저항운동은 한동안 침체에 빠졌다. 물론 미려도 사건 후에 군법재판과 재판기간에 발생한 린이슝〔林義雄〕 일가 피살사건[11] 등은 모든 사람들로 하여금 저항 엘리트의 희생에 대해 다시 생각하도록 했다. 그러나 저항운동이 활기를 되찾을 수 있었던 것은 오히려 외부의 정치적 환경의 변화와 이러한 변화를 저항세력들이 정확하게 읽을 수 있었던 것에서 기인한다.

1980년대 경제적 변화와 사회구조의 지속적 분화로 인해 과거 국민당 정부의 권위적 통치 그리고 정책결정시 민의를 무시한 행위는 이미 점차적으로 일반인의 생활상의 수요를 충족시킬 수 없었다. 한편, 1980년대 초기에 발생한 십신(十信) 금융스캔들, 장난 피살사건(江南命案), 각종 환경보호 및 소비자 권익이 손해를 입었던 사건 등은 하나같이 과거 국민정부가 내세웠던 '크게 이바지하는 정부'(大有爲政府)라는 주장을 심각한 시련에 직면하도록 만들었다.

예전에 국민당의 권위통치가 행정효율화를 가져다주었고 대만 경제의 기적을 창출했다는 주장 또한 1980년대 각종 사회운동[12]의 항

---

11) 1980년 2월 28일 군사법정 재판기간 미려도 사건으로 체포된 사람 중 한 사람인 린이슝의 모친과 쌍둥이 딸들이 집에서 괴한의 침입을 받고 칼에 찔려 살해되었다. 이 중에 중상을 입은 장녀만이 목숨을 건졌다. 국내외를 떠들썩하게 했던 '린이슝 일가 피살사건'은 오늘날까지도 해결되지 못하고 있다.

12) 1980년대 대만사회운동의 격랑 속에서 샤오신황〔蕭新煌〕과 장마오궤이〔張茂桂〕가 정리한 것에 의하면 최소한도 22건의 각기 다른 사회운동이 발생하여 국민당에 도전하였다. 이는 쉬정광〔徐正光〕, 쑹운리〔宋文里〕가 편찬한 《臺灣新興社會運動》, 臺北: 巨流圖書會社에 수록된 蕭新煌(1988), "臺灣社會

쟁에서 표출된 민원(民怨)에 의해서 거의 붕괴 일보직전에 도달하였다. 정치적으로는 장기간의 선거중지로 인해 국민당이 예전에 본토에서 선출한 각 성의 대표들로 지속적으로 법통(法統)을 유지하는 것이 한계에 도달함으로써 법통을 어떤 식으로 자연스럽게 보완하고 유지할 것인가 하는 문제에 직면하게 되었다. 또한, 외교적으로 중화민국을 승인하는 수교국의 수가 날로 감소하고, 대만정부가 중국을 대표한다는 주장이 설득력을 잃고 있었다. 이러한 상황은 모두 저항세력이 정부와 다른 주장을 내세우고 집권세력의 중국 민족주의 이데올로기에 도전하는 것에 유리하게 작용하였다.

이러한 새롭고 유리한 외적인 정세 속에서도 당외 진영은 '미려도 사건'에 연루되어 드러나 있던 대부분의 정치지도자들이 영어(囹圄)의 몸이 되어 지도층의 공백이 생겨났다. 새로운 세대의 당외 엘리트가 등장하여 우후죽순 나타난 당외 잡지를 통해 전과 다른 투쟁노선('장외운동'에 상대적인 '의회선거' 노선)과 이데올로기(급진적 '대만민족주의'에 상대적인 온건적 '민주개혁')를 통해 경쟁적으로 민중의 지지를 얻으려 했고 반대운동진영 내에서 주도적 지위를 쟁취하였다.

1986년 당외 진영은 미려도 사건 이후 내부노선을 조정하였고, 최초의 본토성의 야당인 '민주진보당'(民主進步黨)을 창립함으로써 저항운동은 비로소 또 한 차례의 도전적 회오리를 불러일으켰다. 1980년대 초 당외 진영 내에는 '군중운동'과 '대만 민족주의' 의식을 강조하는 급진세력이 있었고 이들에게 당시의 정치현실에 대해 호소력 있으면서도 도덕적 측면에서 국민당의 중국 민족주의 이념과 맞설 수 있는 정치적 이상이 있었기 때문에 이들은 점진적으로 진영 내에서 우세를 차지할 수 있었다.

運動之性格" 그리고 張茂桂(1994), "民間社會, 資源動員與社會運動 : 臺灣社會運動硏究的理論志向", 〈香港社會科學學報〉, 4: 33~66 참조.

국민당의 '중국 민족주의'에 대항하기 위해 저항세력들이 1980년대부터 구축하여 온 '대만 민족주의'의 주장은 당외 잡지와 대중운동 과정 속에서 거듭된 토론과 시행을 거쳐 점차 비교적 뚜렷한 주류이론으로 등장하게 되었다. 이러한 이론은 "대만의 인민들은 지난 수백 년 동안 차례로 다른 외래정권에 의해 통치되었으며, 자신의 운명을 결정할 수 있는 정치권력이 없었다. 게다가 국민당 역시 대만주민을 억압하는 또 하나의 '외래정권'이므로 '대만인'이 나서서 외래정권에 대항하여야만 비로소 머리를 들고 살 수 있으며, 정치적으로 주인행세를 할 수 있다"고 주장하였다.

대만 민족주의의 홍보에 적극적인 민진당이 대만이라는 땅덩어리를 인정하는 사람이라면 모두 다 대만인이며, 아울러 본성인이나 외성인을 막론하고 모두 다 힘을 합쳐 억압자인 국민당에 대항하기를 희망하고 있음에도 불구하고, 대만 민족주의의 내용은 주로 대만 본성인의 역사와 문화적 경험을 이론의 기초(특히 문화적으로 핍박을 받았다는 정서)로 하고 있다. 그러므로 여기에 영향을 받은 것은 주로 자신의 정치적 입지에 대한 본성인의 관점이었다.[13] 본성인의 정치적 입지와 관련하여, 민진당은 국민당이 과거 정부 주요 직위의 인사에 눈에 띄게 출신성에 따른 차별을 가하였으며, 장기간의 일당독재가 초래한 권력구조의 비민주성 외에도 대만 토착문화에 대한 언어정책상의 폄훼로 말미암아 본성인이 정치권력과 문화 방면에서 상당히 불공정한 대우를 받아왔다고 주장하였다. 1980년대 중반 민진당이 적극 내세웠던 '대만 민족주의'의 구체적 내용은 〈그림 4-3〉과 같다.

이러한 주장은 민진당이 창립되고 전례 없이 12명의 야당 입법위원이 국회에 진출함으로써 입법원에서 공개적으로 토론할 수 있는 의

---

13) 王甫昌(1998), "族群意識, 民族主義 與政黨支持度： 1990年代臺灣的族群政治", 〈臺灣社會學研究〉, 제 2기 pp. 1~45 참조.

제가 되었다. 1987년 3월 민진당 소속 우수전〔吳淑珍〕 입법위원은 위귀화〔兪國華〕 행정원장에 대한 질의과정에서 출신성(省)에 따른 정치적 불평등의 문제를 거론하였다.[14] 위귀화 원장의 답변 및 언론 매체의 보도는 출신성의 문제에 대한 일반대중의 관심이 불러일으켰으며, 1947년의 '2·28 사건' 이후 대만 내에서는 최초로 출신성의 문제에 대한 대규모 학술토론이 이루어졌다.[15]

---

14) 우수전이 질의한 주제는 '대만인 차별정책을 철폐하여 대만으로 하여금 영원토록 진정한 민주 평화를 누릴 수 있도록 하라'이다. 〈立法院公報〉 제 76권 제 24기, pp. 27~33. 이것이 출신성이라는 것이 최초로 대중적 의제가 된 사례는 아니다. 1975년 당외 잡지인 〈대만정론〉 제 2기에서 야오쟈원〔姚嘉文〕은 고등보통고시에서 '출신성별 할당' 규정의 공정성에 대해 질의한 바 있으며, 이때에도 쟝징궈〔蔣經國〕 행정원장과 소관 선발부의 관리가 언론을 총해 공개 해명하였다〔王甫昌(1996), "臺灣反對運動的共感識動員: 1979~1989年 兩次高峰的比較", 〈臺灣政治學刊〉, 제 1기, pp. 129~210.〕. 입법기관으로서 입법원만 하더라도 우수전의 질의(1987년 3월 25일)가 입법위원이 입법원에서 이 문제를 거론한 최초의 사례가 아니다. 이에 앞서 (1987년 3월 10일) 국민당 소속의 지엔한씽〔簡漢生〕(외성인 해외교포 입법위원, '같은 배에 타고 있는 공동운명체, 출신성별의 매듭을 풀자'), 왕한성〔王寒生〕(외성인 원로입법위원, '본적인 중국 본토인 입법위원을 어떻게 처리할 작정인가'), 우더메이〔吳德美〕(본성인 증액 입법위원, '전폭적인 안목으로 역사문제를 보고, 역사적인 안목으로 미래의 발전을 보자')는 질의를 통해 출신성별 문제를 거론한 바 있다 (〈立法院公報〉 제 76권 제 20기: pp. 14~18, 72~74, 79~82). 이는 '2·28 사건'발생 40주년이 되는 시기적 배경과 관계가 있다. 이 밖에도 하남성(河南省) 지역에서 선출된 입법위원 두완젠민〔段劍岷〕도 그 전 해(1986년 6월 4일)의 질의를 통해 출신성별 문제를 거론한 바 있다("제 77차 회기 중 두완젠민 위원의 행정원 시정보고 질의에 관한 서면 답변", 〈立法院公報〉 제 75권 제 45기, pp. 172~174). 그러나 이들 중 그 누구도 그 후에 있었던 민진당 소속 우수전 위원의 질의와 같은 사회적으로 커다란 파장을 불러일으키지는 못했다.

15) 1987년 8월 중국논단사(中國論壇社)가 주최한 '중국결(中國結)과 대만결(臺灣結) 세미나'는 가히 전후 대만 에스닉 연구의 선도라고 할 수 있다. "'중국결'과 '대만결'세미나 논문 모음" 참조. 〈中國論壇〉 제 25권 제 1호, 1987년

〈그림 4-3〉 1980년대 중반 민진당 대만의식하의 에스닉 상상의 내용

선조, 진원지, 언어문화, 과거의 영광과 고난, 적(敵)
대륙에서 바다를 건너온 선조, 중원(中原): 대만어, 4백 년 대만문화, 외래정권의 교대통치, 2·28 사건

↑ ↑

우리는 누구이며, 적은 누구인가?
대만민족과 대만인, 외래정권 국민당

↓ ↓

민족의 미래의 정치적 문화적 이상
대만독립건국, 대만어와 문화를 재건하고 선양

출처: 王甫昌(1996: 186) 〈그림 6〉.

민진당이 창립된 후 출신성별 에스닉 불평등에 대한 문제는 표면적으로는 잘 드러나지 않지만 전면적인 민주화와 본토화의 정치적 요구의 배후에서는 중요한 동력이 되었다. '국민대회 전면재선거'의 요구가 드높아지고 있는 때에 맞추어 '본성인'들과 관련된 지난날 정치와 문화에서의 불공정한 대우에 대한 생각 또한 본성인 대중들간에 과거의 이단적인 생각이라는 것에서 벗어나 점차 공감대를 형성했다. 비록 본성인 배경을 가진 민중들이라고 해서 민진당의 '대만 민족주의'의 주장이 제시하는 대만역사에 대한 논리나 현상에 대한 진단과 위치정립 그리고 장래의 정치적 목표(대만이 독립적으로 국가를 건설하는 것) 등에 대해 모두 찬성하는 것은 아니지만, 1980년대 후반 이후 많은 사람들이 국민당이 장기간에 걸쳐 정치권력을 독식했고, 국회의

10월. 이밖에도 언론매체도 토론의 대열에 합류하였던바, 그 예로 〈원견〉(遠見) 잡지는 1987년 7월호에 이미 '출신성이 문제인가?'(省籍是問題?)를 커버스토리로 하면서 일련의 보도와 여론조사를 실시하였다.

전면적인 재선 거부로 인해 소수의 외성인들이 권력을 좌지우지하게 되었다는 민진당의 주장을 받아들이게 되었다. 이와 마찬가지로 국민당 정부가 오랫동안 중화문화, 중국역사만을 강조하고 대만 현지의 역사와 문화를 홀대하고 폄훼했다는 민진당의 주장도 민중들에 의해 폭넓게 받아들여졌다. 이 모든 것이 '외성인'에 상대적인 '본성인'의 약세 에스닉 의식의 형성에 유리하게 작용하였다.

이에 따라 1980년대 민진당의 반대운동이 본성인의 에스닉 운동을 목표로 하지 않고 '정치민주화', '본토화'를 목표로 내세웠음에도 불구하고 당시 대만의 정치구조적 정세하에서 본성인 에스닉 집단의식의 (비의도적인) 제고라는 에스닉 운용의 효과를 가져왔다.

이상은 '외성인'에 상대적인 '본성인' 약세 에스닉 의식이 형성된 역사적 과정과 그 내용이다. 1990년대 이전까지 이는 대만사회에서 가장 자주 접하게 되고 또한 가장 중요하다고 여겨진 '에스닉 분류' 또는 에스닉 의식이었다.

민진당의 민주화 운동을 통해서 구축된 '에스닉 상상'을 통해 사람들은 비로소 대만에 나와 같은 '출신성 배경'이 있는 많은 사람들이 있다는 것을 상상하게 되었고, 모두 국민당 정부의 정치적 문화적 체제하에서 권리를 박탈당한 약세자라고 생각하게 되었다. 이러한 타인과의 관계에 대한 상상은 동일한 문화신분으로 인해 공동으로 불공정 대우를 받았다는 바탕 위에 구축된 것이다. 그리하여 이러한 상상의 관련범위를 정하는 주요 조건은 공동으로 차별대우를 받았다는 데에 있다. 개인적으로 자신이 관련이 있다고 생각되는 것은 '같은 에스닉 구성원'과 그 밖의 '과거'와의 연관, 즉 선조가 같은 곳에서 왔다거나 서로 동일하거나 유사한 언어를 구사하고 있다는 것 그리고 유사한 풍속습관을 갖고 있다는 등이 있으나 진정으로 그들에게 에스닉과 관련된 상상을 가능하게 한 것은 바로 '현재'의 공통된 처지이다.

또한 이러한 '현재의 공통된 처지'와 관련된 의제가 있을 때 비로소 개인이 다른 구성원과의 운명공동체를 연상하게 된다. 그렇기 때문에 설사 일상생활에서 출신성을 따지는 추세가 이미 줄어들고, 본성인들간에도 사회와 경제적 분야에서 내부적으로는 커다란 차이가 있음에도 불구하고, 본성인들이 외성인들에게 상대적으로 정치권력과 문화에서 가지고 있는 상대적 박탈감은 여전히 '본성인'이라는 에스닉 집단과 관련된 상상을 만들어 내는 데 중대한 영향력을 미치게 된다.

이상에서 '본성인'들이 '외성인'들에 대하여 상대적으로 정치와 문화상에서 약세 에스닉 의식을 발생시키게 된 배경과 그 함의에 대해 설명하였다. 일단 이러한 '에스닉 상상'이 출현하고 또한 야당의 정치운동과 결합하여 과거의 출신성에 따른 불평등한 정치구조를 성공적으로 변화시켰기 때문에, '에스닉 상상'은 곧 모방하고 학습해야 하는 대상이 되었다.

그러나 상술한 1980년대 이후의 '출신성별 구분'이 또 다시 중요한 공동체 분류로 된 과정에 대한 분석을 통해 우리는 이른바 에스닉 분류 혹은 에스닉 상상은 과거와 같이 단순히 '문화의 유사성'만으로 직접 도출해 낼 수 있는 것이 아님을 알 수 있다. 사회 속에서 가능한 문화적 차이의 존재는 너무나도 많으며, 하나같이 잠재적인 에스닉 분류로 변화할 수 있다. 어떠한 분류가 중요하고도 유의미한 사회분류로 될 수 있느냐를 결정하는 데에는 반드시 아래와 같은 몇 가지 요소의 배합을 필요로 한다. 첫째 문화적 신분과 중첩되는 공통의 불리한 처지, 둘째 원래 분산되어 있으나 에스닉 전체의 불리한 상황을 바꿔놓을 수 있는 운동조직의 출현에 유리해야만 한다. 운동조직이 출현하고, 에스닉이 불리한 처지에 있다는 체계적인 이론의 제시는 에스닉 집단분류의 구축에서 결정적으로 중요한 위치를 차지하게 된다.

다음 장에서는 현재 대만 사회에서 매우 보편적인 그 밖의 세 가지 에스닉 상상이 출현하게 된 시기와 상황을 통해서 상술한 것과 같은 귀납적인 발전을 설명하고자 한다.

제5장

'원주민'과 '한인'(漢人)의 구분

출현시기로 볼 때 전후 대만사회에서 두 번째 대비적인 에스닉 분류는 '원주민'과 '한인'의 구분으로서 대략 1980년대를 전후하여 나타났다. 이러한 에스닉 집단 분류의 출현시기와 관련하여 독자들은 주저 없이 다음과 같은 질문을 던질 것이다: 원주민과 한인이라는 구별은 이미 오랜 전부터 있던 것이 아닌가? 앞의 〈표 2-1〉에서 나타나듯이 일본 식민통치 시기나 광복 후 국민정부를 막론하고 인구통계상 분명하게 원주민(그들이 구체적으로 어떠한 명칭을 썼는가는 논외로 하고)과 한인을 구분하고 있다. 이러한 구분은 본래부터 존재하던 것이 아닌가?

대만의 원주민은 모두 '남도어족'(*Austronesian*)에 속하며, 중국 대륙의 '한인'과는 체질상 매우 분명한 차이를 보이고 있다. 문화적으로 농업을 기반으로 하여 발전된 문화와 사회구조를 가진 한인사회는 수렵, 고기잡이, 채집, 순환경작을 주요 생산방식으로 삼는 대만 원주민 사회와는 현격한 차이가 있다. 그렇기 때문에 양자간의 차이에 대해 줄곧 한인정권이나 일본 식민통치자들은 사회적 거리가 가장 멀고 차이가 가장 큰 글귀로 기술하였는데, 예를 들면 '번인'(蕃人), '만인'(蠻

〈번족관습조사보고서〉(番族慣習調査報告書)제 1권 ~ 제 5권

人), '고산족'(高山族), '산지동포'(山地同胞) 등이 그것이다. 이들은 한인과상이한 '종족' 또는 상이한 '민족'으로 간주되었다. 그러나 이는 한인, 네덜란드인 또는 일본인의 시각에서 본 것이다. '원주민' 내부에서도 자신과 한인 간에 커다란 차이가 있다는 것을 알고 있다. 그러나 한인 이외에도 현재 모두 '원주민'으로 분류되어 있는 내부의 상이한 부족간의 차이와 구분이 이들에게는 똑같이 중요하고, 혹은 어쩌면 더욱 중요한 것 같다.

이른바 '원주민' 내부의 차이 또한 어렵지 않게 식별될 수 있는 것이다. 식민통치 초기에 일본인 인류학자는 대만이라는 새롭게 획득한 영토와 원래 거주하던 주민들의 풍속, 습관, 문화를 이해하기 위해서 대만총독부에 '임시 대만 구관조사회'(臨時臺灣舊慣調查會) (1895~1917년)를 설립하였다. 여기에서 한민족의 오랜 습관에 대해서는《청국행정법》(淸國行政法)과《대만사법》(臺灣私法)을 출간하였고, 그 외에 특별히 '번족과'(番族科)를 수립하여 대만내의 원주민에 대한 대대적인 조사를 진행하였다. 게다가 그 구체적인 성과는 〈번족조사보고서〉(番族調査報告書), 〈번족관습조사보고서〉(番族慣習調査報告書), 〈대만번족관습연구〉(臺灣番族慣習硏究), 〈대만번족도보〉(臺灣番族圖譜) 그리고 〈대만족지〉(臺灣族誌)의 각종 보고서의 형태로 출간되었다.[1]

이러한 1920년대에 출간된 보고서에서 일본학자들은 이미 민족학과 인류학의 기준에 근거하여 명확하게 '번족'(番族)을 8개 부족으로 구분하였다. 이러한 서로 다른 부족간에는 단순히 언어와 문화 그리고 사회제도상의 중대한 차이만 있는 것이 아니라 체질적인 특성상에서도 상당히 명확하게 다른 점이 있었다. 전후 국민정부 역시 이러한 분류기법을 채용하여 원주민에는 9개 부족〔아미(阿媚), 태아(泰雅), 로개(魯凱), 달오(達悟), 새하(賽夏), 포농(布農), 배만(排灣), 비남(卑南), 추(鄒)〕이 있다는 것을 인정했고, 최근에 와서는 일월담(日月潭) 부근에 오랫동안 거주해 온 소족(邵族)을 하나의 부족으로 승인하여 원주민은 모두 10개의 부족이 되었다.

만약 이른바 말하는 '원주민족' 내부에 그토록 큰 문화적이고 사회적인 차이가 있다면 각 부족의 지리적인 분포 또한 모두 분산되어 있어서 서로 소통할 수 있는 공통된 언어 또한 없을 것(원주민족간의 공통언어는 과거에는 일본어였고, 현재는 북경어이다)인데 그렇다면 그들은 어떻게 자신들의 하나의 '에스닉'을 구성할 수 있게 되었는가?

1980년대 이전에 대만의 원주민들은 확실히 현재 일반적으로 불리는 '범(泛)원주민 정체성'이라는 것을 가지고 있기 않았다. 과거에는 원주민들의 주요 정체성과 단체 귀속은 자신의 마을이나 가족이었고, 그 중 가장 상위의 것이 자신의 '부족'이었는데 이 또한 일본 식민정부시기의 관리와 학자들이 8족과 9족을 구별하기 위해 찾아낸 차이였다. 청조와 일본정부는 원주민들을 멀리 격리된 지역에 거주하도록

1) 중앙연구원 민족학연구원은 이미 〈번족관습조사보고서〉(番族慣習調査報告書) 중 다섯 권을 번역하여 출판하였는데 제 1권은 '태아족'(泰雅族)(1996), 제 2권은 '아미족, 비남족'(阿美族, 卑南族)(1998), 제 3권은 '새하족'(賽夏族)(2000), 제 4권은 '추족'(鄒族)(2001) 그리고 제 5권은 '배만족'(排灣族)(2003)이다.

요구하고 독려하였기 때문에 그들은 일상생활 중에서 통치자 대표(청조시기의 관원이나 일본시기의 경찰) 이외에 다른 외부인들을 접촉할 기회가 매우 적었다. 따라서 많아야 원주민 거주지역 부근에서 일하는 한인들을 접촉할 수 있었고, 이는 다른 원주민 각 부족보다도 적은 수였다. 이러한 상황 속에서 태아족 사람은 자신이 새하족 혹은 배만족과 어떠한 상이성이나 관련이 있는지에 대해서 진지하게 생각하지 않았다. 단지 한 외부인(통치자)이 그들의 신상에 일반적인 '통계범주'를 적용시킨 것이고 이는 그들에게 그다지 유의미한 자아정체성은 아니었다.

그러나 1980년대 이후 대만의 '원주민 운동'이 출현하였는데 확실한 것은 '원주민'이 하나의 약세 에스닉의 정체성을 형성하였다는 것이다. '원주민 정체성'은 결과적으로 무에서 유로 전환되었는데 과연 어떠한 발전이 나타난 것인가?

1. 대만사회에서 원주민의 약세지위 형성의 역사

원주민의 역사관으로 볼 때, 원주민과 한인 간의 상대적 권력관계는 지난 400년간 큰 변화가 있었다. 1624년 네덜란드가 통치하기 이전, 원주민은 '유일한 주인'〔主人〕〔또는 인장의(尹章義)의 《대만개발사》(臺灣開發史)에서 언급한 '번인우세'(番人優勢)였다〕이었다면 일본통치시기, 특히 1930년의 '무사사건'(霧社事件)[2] 이후 원주민은 우세적 지위를 완전히 상실하여 한인이 주체가 된 사회에서 약세단체가

---

2) 역자 주 : 무사사건이란 대만 일제점령기인 1930년 대중(臺中) 능고군(能高郡) 무사(霧社)(현재 南投縣 仁愛鄉)에서 발생한 항일사건이다. 이는 당시 대만총독부와 지방정부의 억압적인 정책에 불만을 품은 태아족의 한 분파인 새덕극족(賽德克族)에서 비롯되었고, 이로 인해 약 1천여 명이 희생되었다.

되었다. 역사학자 인장의는 그러한 역사적 발전이 다음과 같은 5개의 상대적 권력관계간의 상호증감의 단계를 거쳤다고 주장한다. ① 번인사회, ② 번인우세 한인약세, ③ 번인과 한인의 균등한 세력, ④ 한인우세, ⑤ 한인사회가 그것이다.[3] 한편 인류학자인 셰스쭝〔謝世忠〕 역시 원주민의 대만 사회에서 권력위치는 5개 단계에 걸친 전환이 있었다고 주장하였다.

(1) 유일한 주인: 1620년대 이전, 네덜란드의 통치 이전
(2) 대부분이 주인: 1621~1661년, 네덜란드와 스페인의 부분적인 대만 통치시기
(3) 절반이 주인: 1661~1875년, 정청궁〔鄭成功〕과 청조가 대만을 통치하던 초기
(4) 부분적인 주인: 1875~1930년, 청조 통치 말기, 일본의 대만통치 전반기
(5) 주인의 지위 완전상실: 1930년 이후, 즉 '무사사건'(霧社事件) 이후[4]

이러한 과정에서 각종 외래정권은 강력한 무력을 가지고 대만에 진입하였고 통치이익의 수요가 서로 달랐기 때문에 정책이 계속 표류하는 결과를 가져왔다. 그리하여 원주민 토지가 수탈당하고, 생활방식 또한 점차 파괴되었다. 청조의 통치기간, 숙번(熟番)[5] - 평포족(平浦族)들은 전과 다름없이 방대한 토지와 재산을 보유하고 있었다. 청 정부가 최초로 대만에 진입하면서 대만을 교화되지 않은 지역으로 간주하고, 한인이 불법 이주하면서 해적의 은신처가 되어 치안상 문제

3) 尹章義(1989), 《臺灣開發史硏究》, 臺北: 聯經出版社.

4) 謝世忠(1987), 《認同的汙名》, 臺北: 自立晩報出版社.

5) 역자 주: 대만의 고산족(高山族)을 일컬어 번족(番族)이라고 하는데, 그 중 대륙문화에 동화된 번족을 숙번(熟番)이라 하고 동화되지 않고 야생생활을 하는 번족을 생번(生番)이라고 한다.

를 야기하는 것을 저지하기 위해 '둔전'(屯田) 정책을 채택하였다. 이는 원주민들로 하여금 토지임대료로 군용식량의 수요를 충족할 수 있도록 하였으며, 각 원주민 집단〔番社〕으로 하여금 토지임대료〔番租〕, 대군대 토지임대료〔屯租〕, 임대토지생산 양곡수입을 갖게 하여 생번(生蕃)과 한인의 불법경작에 대항케 하였다.

그러나 통치수요의 변화로 인해 청조의 번인토지정책 또한 변화하게 되어, 애초에 한인들의 이주정착 저지와 개화된 원주민을 이용하여 미개한 원주민과 한인을 견제할 목적으로 수립하였던 '번인지역 봉쇄와 격리정책'(蕃地封禁隔離政策)과 '번인에 의한 경작위탁제'(蕃屯)를 다중토지권 개념인 '번대조'(蕃大租), '한인 소작농제'(漢人租佃制)(개화된 원주민의 토지)로 대체하였다. 이러한 변화는 당초 농업이주 한인의 증가에 따른 토지수요 증대에 부응하기 위해 원주민 토지를 한인에게 임대하는 것을 허용하려는 데에 있었다.

하지만 상기 법령이 수정된 후 30년이 지나면서, 숙번(熟番)-평포족(平浦族) 중심의 원주민 집단(番社)의 토지는 급속도로 한인의 소유가 되었으며,[6] 일본 통치시기에 이르러서 원주민〔高砂族〕들은 일부 높은 산이나 화련(花蓮) 동부해안 종곡(縱谷) 평원지구 토지의 소유권과 사용권만을 유지할 수 있었다.

비록 과거 수백 년 동안 대만의 '원주민'이 상대적으로 약세의 지위에 처해 있었지만 원주민의 각 부족과 각 마을은 여전히 자신들의 문화와 사회 그리고 경제적 체제를 대체로 보유하고 있었다. 그러므로 대만이 광복되기 이전에 원주민들은 자신들의 경제적, 사회적 각 방면의 상대적인 불리한 지위에 대해서 여전히 집단적 수준의 박탈감을 발전시키고 있지 못했다. 국민정부가 대만을 접수하고 난 이후 원주

6) 柯志明(2001), 《番頭家： 淸代臺灣族群政治與熟蕃地權》, 臺北： 中央硏究院 社會科學硏究所.

민에 대한 정책은 변화하여 '산지평지화'(山地平地化)의 동화정책이 핵심이 되었다.[7] 동화정책은 한편으로는 원주민의 전통문화를 파괴하였지만 한편으로는 원주민들을 짧은 시간에 대만의 한인들이 주도하는 경제체계로 흡수하는 효과도 가져왔다. 따라서 경제적 문제가 점차 중요해질수록 다수의 젊은 원주민들이 마을을 떠나 한인사회로 유입되었다. 그러나 원주민의 본래 저주지가 대부분 격리되어 있고, 또한 개발이 비교적 이루어지지 않는 지역이며 교육자원 또한 비교적 낙후되어 있어서 도시로 이주하는 원주민들의 평균적 교육수준은 한인에 비래서 상당히 낮았다. 원주민이 대만 한인경제 체제로 유입될 당시 그들은 도시에 진입하여 직장에서 가장 말단직에 종사할 수밖에 없었다.

원주민의 교육정도가 일반 한인에 비해 매우 낮았기 때문에 그 차이는 상당히 명확했다. 원주민이 고등교육을 받는 비율은 한인에 비해 상당히 낮았다. 1999년 원주민 운동가들의 다년간의 노력과 정부

〈표 5-1〉 대만 15세 이상 민중과 원주민의 교육정도 비교

교육정도	전체민중	원주민
초등학교 이하	28	39
중학교	17	22
고등학교	10	17
직업학교	23	13
전문학교	12	6
대학 혹은 그 이상	10	3

출처: 行政院原住民委員會編印, 《八十八年 臺灣原住民 職業狀況 調査報告》, p. 10.

7) 蕭新煌 편. 《警告中華民國》, 대만: 日臻出版에 수록된 孫大川(1995) 《夾縫中的族群建構: 泛原住民意識與臺灣族群問題的互動》을 참고할 것.

의 각종 특혜와 지원이 실시된 이후 원주민의 대학 이상 학력 소유비율이 3%가 되었지만 이는 한인비율의 3분의 1밖에 되지 않는 것이었다(〈표 5-1〉의 자료를 참고할 것). 원주민의 교육수준이 상대적으로 낮다는 것은 한편으로는 원주민들이 집중된 지역의 교육자원이 상대적으로 결여되어 있다는 것을 반영하는 것이고, 다른 한편으로는 대만의 교육체제가 한인문화 중심의 이데올로기를 반영하고 있어서 원주민 학생들이 학습할 때 심리상 어떤 장벽이 있다는 것을 반영하는 것이다.

대만사회에서 교육정도는 사회경제적 지위에 영향을 미치는 중요한 요인이 되기 때문에 원주민 전체의 교육수준의 저하는 원주민들을 사회경제적 지위에서 더욱 불리한 위치에 서게 한다. 정부의 통계자

〈표 5-2〉 대만 원주민 개인의 연 평균소득과 대만일반 민중의 연 평균소득의 상대적 비교

연도	산지원주민	평지원주민	도시원주민	대만성 일반민중
1. 평균 개인 수입				(단위: 대만 달러)
1985	42,989	45,012	50,311	74,626
1991	92,117	96,524	112,586	155,713
1996	109,980	120,893	157,480	234,735
2. 대만성 일반민중의 수입 대비 원주민 수입정도				(단위: %)
1985	57.48	60.32	67.42	100.00
1991	59.15	61.99	72.29	100.00
1996	46.85	51.50	67.09	100.00

출처: 1. 臺灣省民政廳編印, 《民國八十年 臺灣省偏遠地區 居民經濟及生活素質 調查報告(第一輯山地, 平地, 都市山胞部分)》, pp. 82~83.
2. 臺灣省原住民事務委員會編印, 《民國八十五年 臺灣省原住民經濟及生活素質調查報告》.
3. 臺灣省主計處編印, 《中華民國八十年年臺灣省家庭收支調查報告》, p. 22.

료에 의하면 원주민의 평균 개인수입은 한인의 약 60% 정도에 그친다. 〈표 5-2〉의 자료에 근거하면 도시로 유입된 원주민 개인의 평균적인 수입의 수준은 여전히 다른 한인의 70% 정도밖에 안 된다. 게다가 원주민 지역에 거주하는 원주민 〔이른바 '평지원주민'(平地原住民) 혹은 '산지원주민'(山地原住民)〕들의 수입은 더욱 적어서 한인의 50~60%밖에 되지 않는다.

교육정도와 경제적 보상에서 상대적으로 낙후된 것 이외에도, 원주민의 전통문화 역시 점차 소실될 위기에 처해 있다. 다수의 마을을 떠난 젊은이들이 도시로 진입하여 학교에 다니고 직업을 얻게 되면서 많은 원주민 청년들이 점차 한인 사회에 적응해야 한다는 압력 속에서 자신들 마을의 전통문화를 잃어가고 있다. 1995년을 전후하여 실시된 여론조사에 의하면 도시로 이주한 원주민들이 집에서 사용하는 언어는 이미 자신의 모어(약 35% 정도)가 아니라 북경어(약 60% 정도)가 되었다(〈표 5-3〉 참고할 것).

사회경제적 지위에서 불리한 위치에 있는 것 이외에도 한인문화에서 갖고 있는 '원주민' 전체에 대한 부정적 인상은 더욱더 불리한 사회적 지위를 만들어낸다. 교과서에 있는 '오봉신화'(吳鳳神話)[8]는 원주민들을 사람의 머리를 사냥하는 야만적 민족으로 묘사하고 있다. 한인〔오봉(吳鳳)〕의 교화와 감동으로 인해서야 이러한 야만적 풍속을 없앨 수 있었다고 했다. 이러한 이야기는 많은 원주민 학생들의 얼굴을 들지 못하게 하였고 또한 자신의 문화와 전통에 대해 수치심을 느끼도록 만들었다.

그 밖에도 극장, 신문보도, 나아가 종교와 드라마에서 은연중에 원주민을 표현할 때 사지가 발달하고, 두뇌가 단순하며, 쾌락을 즐기

---

8) 역자 주 : 오봉(1699년 2월~1969년 9월 9일)은 자는 원휘(元輝)라고 하며, 청나라 복건성 평화현(平和縣) 사람이다. 대만의 청 통치시기에 가잉주의 통사로 부임하였고, 한인과 원주민 간의 분쟁중에 목숨을 잃었다.

며, 저축할 줄 모르고, 노래 부르는 것과 술을 좋아하고 빈랑을 먹는 것을 즐기는 (열등한) 민족으로 묘사하고 있다.

이러한 체계적인 민족적 편견은 한인사회가 원주민을 차별대우하는 사회적 시스템을 합리화하는 데 사용되었다. 이러한 편견은 많은 한인들로 하여금 원주민들이 오늘날 대만사회에서 불리한 위치에 있

〈표 5-3〉 대만지구 도시 원주민의 가내 주요 사용언어

(단위: %)

	모어	국어	민남어	객가어	일본어	기타	표본수
지구별 구분							
북부지구	23.37	73.40	2.22	0.32	0.45	0.24	(13,158)
중부지구	22.80	67.05	8.17	1.99	—	—	(2,461)
남부지구	28.91	65.63	5.02	0.05	0.38	—	(3,922)
동부지구	61.02	37.08	1.24	0.17	0.17	0.33	(9,037)
종족적 구분							
아미족	44.68	51.35	3.15	0.47	0.08	0.27	(17,832)
태아족	19.83	77.30	1.93	—	0.93	—	(4,815)
배만족	24.21	72.15	1.97	0.49	1.17	—	(2,643)
로개족	16.75	81.80	1.46	—	—	—	(412)
포농족	40.80	56.68	1.12	—	—	1.40	(1,071)
새하족	—	96.12	—	3.88	—	—	(361)
달오족	7.69	92.31	—	—	—	—	(130)
비남족	20.16	75.67	4.17	—	—	—	(1,488)
추족	1.61	88.35	10.04	—	—	—	(249)
전체	36.80	60.49	2.80	0.38	0.31	0.22	(29,001)

출처: 政部統計署編印, 《中華民國八十四年臺灣地區都市原住民生活狀況調查報告》, 1997년, pp.60~62.

지만 이는 그들 자신들의 문화적이고 사회적인 풍속이 현대사회, 특히 자본주의 체제가 요구하는 것에 부합하지 않기 때문이지 그들이 불공평한 대우를 받아서 그런 것은 아니라고 믿도록 하였다.

이와 같은 상황이 바로 이후 대민 원주민 운동이 개선을 요구하는 사회적 와해의 상황이다. 원주민 학자 쑨다첸〔孫大川〕은 다음과 같이 말하였다.

> 성씨(姓氏)의 파괴, 모어의 상실, 전통제전의 폐기, 문화풍습의 망각, 사회제도의 와해, 여기에 더하여 도시화 이후의 '황금만능주의'의 유혹과 외래종교의 유입, 1960년대 이후 대만 원주민은 대부분 그들의 모든 '민족정체성'의 핵심과 문화적 상징을 잃어가며 '내안의 나'가 완전히 붕괴되었다. 모든 원주민이 1970년대 가장 심각하게 고민하였던 것은 '나는 누구인가?'의 문제였으며 그것을 끊임없이 자기 자신에게 물었다.[9)]

이것으로 독자들은 인용된 정부 통계자료는 말할 것도 없고, '원주민'들이 직면한 각종 문제들을 토론한 바대로 이러한 '원주민'이라는 칭호조차도 대략 1980년대 이후에 출현한 것이라는 것을 알 수 있을 것이다. 이는 이른바 원주민 정체성과 에스닉 의식이 원주민운동 구축의 결과라는 것을 설명하고 있다. 그렇다면 어떠한 사회적 요인들이 원주민운동을 출현시켰으며 대만의 '범원주민' 정체성을 형성시켰는가?

9) 孫大川(1995), "夾縫中的族群建構：泛原住民意識與臺灣族群問題的互動", p. 213.

2. 대만의 정치적 저항운동이 정치적 환경에 미치는 영향

현재 일반 학자들과 원주민 운동가들은 대만 원주민운동의 형성이 1980년대 초 일련의 조직적 동원사건의 성과라는 데 동의한다. 여기에는 1983년 대만대학교 원주민 지식청년의 〈고산청〉(高山青) 배포와 1984년 '당외 편집작가 친목회'(黨外編輯作家聯誼親睦會)의 소수민족위원회 구성, 그리고 같은 해 12월 '대만원주민족 권익촉진회'〔原權會〕의 발족 등이 있었다.[10)]

원주민운동 성립의 주요 취지는 대만 원주민이 자신이 직면한 멸족의 위기를 깨우치려는 것이다. 원주민운동이라고 하면, 당시 가장 중요한 도전으로서 기존의 마을 혹은 상이한 종족간의 문화와 정체성의 차이를 뛰어넘어 이른바 '(범대만)원주민 정체성'을 확립하는 것이다. 국민당 정부의 동화정책 아래 원주민 마을사회는 한인 경제체계에서 공동의 사회적, 경제적, 문화적 문제에 편입되었으며 청년들은 중국국어문화의 교육을 받음으로 해서 상호소통할 수 있는 언어를 발전시키고 대학캠퍼스 내에서 상호 알고 지낼 수 있는 기회를 가질 수 있었는데 이는 모두 범원주민 의식발전에 도움을 주는 중요한 원인이 되었다.

이 중에서 유의미한 변화는 다음과 같은 두 가지로서, 하나는 전후

---

10) 高德義(1991), "與黃昏摶鬥: 原住民運動初探", 〈山地文化〉 제 21기, p. 3 : 夷將, 拔路兒(1994), "臺灣原住民運動發展路線之初步探討", 〈山海文化雙月刊〉 제 4기, pp. 22~38 ; 孫大川(1995), "夾縫中的族群建構 : 泛原住民意識與臺灣族群問題的互動" ; "一個新的族群空間的建構 : 臺灣泛原住民意識的形成與發展" ; 游盈陸 편(1997), "民主鞏固或崩潰 — 臺灣二十一世紀的挑戰", 臺北 : 月旦出版社 : 謝世忠《認同的汙名》.

국민정부 교육체제하에서 배우고 자란 신세대 원주민 청년들이 대략 이 시기를 전후하여 대학에 진학하였다는 것이고, 또 하나는 1980년대 캠퍼스 밖 정치환경이다. 대학캠퍼스는 대개 대도시 지역에 집중되어 있어 전국 각지에서 상이한 부족의 원주민 청년들이 몰려오게 되었다. 9개 부족이라는 문화적 사회적 차이가 있음에도 불구하고 이들 원주민 청년엘리트는 '한인사회'와 대면하였을 때 그들로 하여금 불리한 지위에 놓이게 한 중요한 이유가 '원주민'이라는 것이며, 원주민 내부의 부족간 차이는 상대적으로 덜 중요하다는 것을 자각하게 되었다.

대만사회에서 '원주민'이라 하면 그가 어느 부족이건 간에 성장경험이나 그들이 느꼈던 불공정한 대우만큼은 매우 비슷하였다. 이러한 공통의 경험으로 생긴 '범원주민' 신분정체성은 우세한 착취자의 지위를 차지한 한인과 상대할 때 유의미하게 되었다. 원주민의 '에스닉 정체성'이 모양을 갖추기 시작하였고, 비로소 본 적은 없지만, 각지에 흩어져 살고 있는 수많은 다른 원주민들이 자신과 마찬가지로 문화적 신분 때문에 대만사회에서 비슷한 불공정한 대우를 받고 있다고 생각하기에 이르렀다. 이들간에는 공통된 언어와 문화가 없고, 뿐만 아니라 우세한 착취자의 언어(북경어)를 사용해야 소통할 수 있음에도 불구하고 오랜 세월을 거친 불리한 처지는 이들에게 동고동락의 공동운명의식을 갖게 하였다.

대학캠퍼스는 신세대 원주민 엘리트들이 서로 알게 되고 결합하여 조직화하는 기초를 제공하였다. 이를 뒷받침이나 하듯이 원주민운동의 초기 조직기반과 1983년 〈고산청〉의 출판은 대만대학 내 원주민 학생들에 의한 것이다.

원주민 엘리트 자아의식의 궐기와 초보적인 운동조직 외에도 원주민운동의 발전에 유리한 요인은 대만 정치 저항세력의 자극을 지적할 수 있다. 1970년대 국민당정부 계엄체제에 대한 충격과 미려도 사건

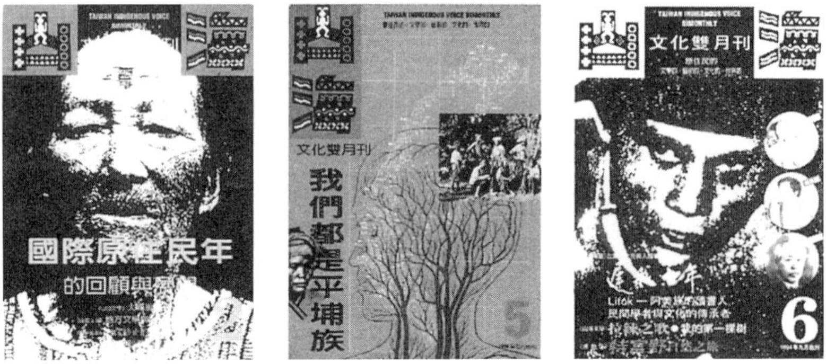

원주민 잡지 〈산해〉(山海) 격월간, 1994년.

을 계기로 당외 진영이 탄압에 대해 반발한 것은 과거 도전을 불허하였던 고답적인 정치환경을 점차 느슨하게 하였고, 일반시민들이 헌법에 보장된 공민권을 요구하는 목소리를 드러내도록 하였다. 이러한 변화가 아니었더라면 원주민 대학생들이 앞장서는 원주민운동이라는 항거행위는 아마도 불가능했을 것이다.

이들 학생은 모두 다 소속된 마을의 미래엘리트로서 어렵게 고등교육을 받는 기회를 얻은 상황에서 대부분은 선불리 자신의 전부를 내걸어야 할지도 모르는 집단행동에 참가하는 모험을 택하기보다는 자신이 발전할 수 있는 기회를 더 소중히 여겼을 것이다. 그러나 계엄체제에 대한 저항(민주) 운동의 정면충돌은 원주민 약세에스닉의 권리의식을 자극하였다. 뿐만 아니라 그들은, 억압적 체제가 합법적 기반을 상실하였기 때문에 이를 변화시킬 수 있는 기회와 성공의 가능성이 있다고 생각하게 되었다.

더욱 중요한 것은 당외 진영이 원주민 운동에 대한 직접적인 지지와 협조, 특히 원주민운동을 조직하는 데 필요한 초기 자원을 제공한 것이다. 1984년 '당외 편집작가 친목회'에 소수민족위원회를 설치하였으며, 또한 당외 잡지에 고정칼럼을 두어 정기적으로 원주민운동을 고취하는 글을 게재한 것이 그 좋은 예이다. 저항운동측이 초기에 원주민에게 자신들의 독특한 신분수용과 운동전개를 고취하게 한 것은 무엇 때문인가? 하나의 '경쟁전술'적 고려요소로는 '미려도 사건'의 좌절 이후 저항운동은 국민당정부의 계엄체제하에서 조성된 주민들의 원성을 부각시키기 위해 점차 물이 오른 각종 사회운동간의 '상호 엄호, 동시다발 공격'이라는 전술을 채용한 것이다. 그러므로 당시의 당외 운동은 약자측에 속하는 모든 운동을 지지하였으며, 원주민운동뿐만 아니라 환경운동, 반핵운동, 노동운동, 여성운동 등도 당외진영의 지지대상이 되었다.

그 밖에 반대운동이 원주민운동을 지지한 데에는 이념상의 이유도 있다. 당시 대만의 반대운동 중 비교적 급진적인 세력은 국민당의 중국민족주의인 '대만인은 모두가 중국인이다' 라는 논리에 대항하기 위해 원주민들의 정체성을 자극해 대만인 가운데 이미 많은 수가 혈연과 문화 그 어느 것도 '중국인'이라고 할 수 없으며, 원주민, 평포족(한인화된 원주민), 원주민 여자와 혼인한 한인이민(초기에 가족동반 대만이주가 불허되었다) 이 낳은 후손들이 있다는 것을 강조하였다. 이는 '대만 민족주의'가 발전하는 과정에서 혈연과 문화상에서 스스로 독특하고 중요한 문화적 요인을 구축하기 위한 작업이었다.

이와 같은 사회적 여건은 원주민운동의 가장 중요한 운동조직인 '원권회'(原權會) 가 탄생할 수 있게 된 중요한 지원세력이었다.

원주민운동이 성장하기 시작한 이후 연이은 대통치가 항쟁을 위한 행동동원 중 점차 '범대만 원주민족'의 에스닉(민족) 11) 의식과 정체성

11) 원주민들이 스스로를 하나의 '에스닉'으로 여기는가 하는 것에 대해서는 상당히 다른 시각이 있다. 1984년 원권회가 성립되었을 때 국민정부에 대항하기 위해 '산지동포'라는 칭호를 강화하였고, 스스로 '대만원주민족'이라는 호칭을 제시했다. '원주민'과 '원주민족'의 칭호는 원주민운동가들이 '대만원주민정명운동'의 노력 속에서 쟁취하여 얻은 칭호이다. 대만사회에서 이러한 스스로의 칭호를 승인하는 것 중 가장 명확하게 표현된 것은 1994년의 수정헌법에서였다. 가장 먼저 '원주민'의 칭호를 수정된 문장에 넣은 것은 공문서에서 가장

은 하나로 뭉치게 되었다. 원주민 의식을 결집하려는 원권회의 노력은 그들이 일으킨 몇 차례의 중요한 항쟁활동의 주제를 통해 그 일면을 볼 수 있다.

(1) 공의로운 여행—'오봉신화'(吳鳳神話) 타파(1987)
(2) '원주민족 권리선언' 발표(1988)
(3) 세 차례의 '내 땅 되찾기 운동'(1988, 1989, 1993)
(4) '정명(正名)'과 '헌법조항' 운동(1991, 1992)[12]

이러한 활동은 한결같이 '원주민'의 정체를 항쟁의 주체로 일으킨 것이었다. 비록 '오봉신화'의 원주민은 대대로 아리산(阿里山)에서 생활한 추족(鄒族)이기는 하나 이 이야기를 '원주민'과 '한인' 간의 대등하지 않은 '문명 / 야만'이라는 교화관계로 그리면서 전체 원주민의 풍속이 되어버렸다(대다수의 원주민 문화에는 인두사냥의 풍습이 없는데도 불구하고). 그렇기 때문에 원주민운동은 이를 내세워 추족뿐만 아니라 한인이 전체 원주민에 대해 갖고 있는 부정적이고 틀에 박힌 인상에 대해 항거하려 했던 것이다. 원권회라는 조직과 이러한 여러 항쟁

오래 사용해 온 '산지동포'였다. 제1조 (국민대회대표 할당인원의 규정 : '2. 자유지구 **평지원주민**과 **산지원주민** 각 3인'), 제3조 (입법위원 할당인원의 규정 : '2. 자유지구 **평지원주민**과 **산지원주민** 각 3 인'), 그리고 제9조 (각 약세 에스닉의 권익의 보장과 촉진에 대해: '자유지구 **원주민**의 지위와 정치참여의 보장 : 그 밖의 교육, 문화 사회적 권리와 경제적 사업발전') 1998년 수정헌법에서는 더 자주 '**원주민족**'이라는 칭호를 부분수정헌법에서 사용하였다. 제10조에서는 부분적으로 원주민의 각종 권익을 다루었다: '국가는 다원적인 문화를 긍정적으로 여기며, 적극적으로 **원주민족**의 언어와 문화를 발전시킨다. 국가는 민족의 요구에 의하여 **원주민족**의 지위와 정치적인 참여를 보장하며 그 교육, 문화, 교통, 수리, 위생, 의료, 경제, 토지 와 사회복리사업에 있어서 보장하여 그 발전에 기여하고 이를 법으로 정한다'. 헌법에서 '원주민'과 '원주민족'의 두 종류의 칭호가 병존하는 상황이다.

12) 夷將, 拔路兒, "臺灣原住民運動發展路線之初步探討" 앞 의 인용문.

주제를 통해 일반 원주민들은 비로소 자신과 다른 원주민 간의 연관된 에스닉 상상을 확립하기 시작했다.

원주민운동에서 발전된 '원주민'의 분리의식은 한인에 대비되는 분류이다. 이와 같이 한족 정권에 의해 억압받고 있다는 공통된 처지는 원주민들에게 이러한 종류의 문제를 해결하는 데 있어 10개 부족간의 상이성을 고려하기보다는 하나로 뭉치는 데에 더욱 주력하게 하였다. 원주민 운동가는 또한 만약에 각 부족별로 한인정권에 대해 정치적 소청을 제기할 경우 사람 수가 너무 적기 때문에 국가자원의 투입이 경제적 효용에 맞지 않을 것이라고 의식하여 협상할 수 있는 밑천이 별로 없다고 생각했다.

원주민 중 가장 적은 란섬의 아미족〔雅美族 즉 달오족(達悟族)〕은 기껏해야 4천여 명이고, 인구가 가장 많은 아미족(阿美族)은 대략 15만 명 정도이며 그 다음의 태아족은 대략 10만 명 정도로 인구수가 대부분 많지 않다. 그러나 전부 하나로 합치면 근 40만 명이 되며 대만 총인구 중에서 차지하는 비율이 1.75%가 되므로 비록 절대 소수이기는 하나 최소한으로도 상당한 숫자이기 때문에 경제적 효용에 부합되면서 자기 스스로 보존가치가 있는 문화적 특색을 가지고 있다고 선포할 수 있고, 정치적으로도 최소한 흥정할 수 있는 여지가 있는 것이다.

원주민운동의 요구에서 지적된 문제는 대만 원주민과 한인의 상호작용에서 문화(언어, 교육, 성명), 경제(토지, 직업)와 정치(산지행정) 등 각 생활영역에서 불평등한 대우 및 차별을 받았다는 것이다. 또한 이러한 차별대우가 상당히 전면적인 것이었기에 원주민과 한인 간의 차이 역시 간격이 넓었다. 그러므로 원주민족은 한족이 아니라는 이유로 1990년대 이후부터 '원주민족 자치'('헌법조항운동' 중 중요한 소청이다)를 요구하기 시작했다. 이 요구만을 놓고 볼 때 대만 원주민의 에스닉의식은 이미 '민족의식'의 수준으로 발전되었다고 할 수 있다.

대만의 ‘주요한’ 에스닉은 한-티벳트어계 집단(즉 한인)과 남도어계 집단(원주민)의 두 개밖에 없다.[13] 그렇기 때문에 제아무리 다수의 원주민들이 한인 중에 복건인, 객가인이 있고, 외성인이라는 차이가 있다는 것을 구별하고, 나아가 일부 부족은 서로 다른 명칭으로 한인 에스닉을 구분하고 있지만 한인 사회의 박탈과 편견에 직면하게 되면 그 상대가 복건인, 객가인, 혹은 신주민(외성인)이건 중요하지 않게 된다. 중요한 것은 이들은 모두 ‘한인’(혹은 한족)이라는 것이다.

그러므로 원주민 에스닉 의식의 형성은 한인의 동화정책에서 원주민들이 그들의 경제적 사회적 체계로 흡수되었을 때 문화적, 사회적, 경제적, 정치적인 다중의 불리한 상황에서 탄생한 일종의 피압박 거부에 대한 인식과 집단행동의 결과라고 할 수 있다.

---

13) 孫大川(1995), “行政空間與族群認同: 以臺灣原住民爲例”, 中央研究院民族學研究所, 〈文化政治與歷史重建研討會〉 논문 p. 3.

제 6 장

본성인 중 '민남'(閩南)과 '객가'(客家)의 분류

전후 대만사회에 나타난 세 번째 에스닉 분류는 '복료인'(혹은 '민남인')에 상대적인 '객가인'의 구분이다. 이러한 구분은 대체로 1980년대 중엽 이후에 탄생한 것이다. 이러한 '객가 정체성' 에스닉 상상이 출현한 시기 논의에 대해 독자들은 아마도 '객가인이라는 에스닉 분류와 정체성은 이미 오래 전부터 있었던 것이 아닌가? 어떻게 하여 1980년대 이후에 나타난 것인가?' 라고 질문할 것이다.

1980년대 객가문화운동이 출현한 이후에 나타난 객가 정체성과 상상은 과거의 '객가 정체성'과 중대한 차이가 있다. 필자는 전자를 '범대만 객가 정체성'이라고 부른다. 비록 현대 범대만 객가 정체성은 실질적인 문화적 역사적 내용에서 과거의 '객가 정체성'과 상당한 정도의 유사성과 연속성을 찾을 수 있지만 그 사회적 의미와 성격은 중대한 변화가 있었기 때문에 양자를 하나로 묶어서 이야기해서는 안 된다.

구체적으로 말하면 이른바 범객가 정체성은 약 300년 전 대만으로 이주한 객가인의 후손으로서 대만사회에서의 역사적 경험(청조와 일본 식민통치 경험)과 현대의 특수한 수요와 압력하에서 발전되어 나온 새로운 에스닉 상상으로서 이들의 정체성은 현재 중국 대륙의 고향에 있

《의민신앙과 객가사회: 양안 3개 지역 학술 심포지움》 자료집

는 객가인의 정체성과 다를 뿐만 아니라 전후 대륙의 각 성에서 대만으로 이주한 '대륙의 객가인'과도 다르다.

사실상 서로 관점의 차이가 너무나 크기 때문에 대만에는 대륙 객가인이 애초부터 대만 객가 문화운동의 잠재적 동원목표 명단에 들어 있지도 않았다. 그들의 자신에 대한 정체성 혹은 자신들이 받아들이고 있는 에스닉 집단의 상상은 비교적 '외성인'의 그것과 가깝고, 게다가 일반 대만민중들도 그들을 '객가인'이 아닌 '외성인'으로 규정했다. 그러므로 현대 대만의 범객가 정체성이 문화와 역사방면에서 과거 객가의 전통을 계승하였다고 하나 대만사회에서의 현대적 적응과 상황이 이러한 새로운 정체성의 내용과 형성에 대해 보다 큰 영향력을 가지고 있다.

다음에서는 실례를 들어 이 문제에 대한 질문에 답을 해보고자 한다. 2001년 12월 3일에서 4일까지 국립중앙대학교 객가연구센터(國立中央大學客家硏究中心)에서는 '의민신앙(義民信仰)과 객가사회: 양안 3개 지역 학술심포지엄'이라는 학술회의를 주최하였다. 대만이 주도한 이번 학술회의에 대만, 홍콩과 중국(대륙)의 객가연구자가(연구자는 반드시 객가인이어야 할 필요는 없다) 공동으로 의민신앙과 객가사회 간의 연관된 과제에 대하여 토의하였다. 주최측에서 정한 주제에서 볼 때, 대만측 참여자만 발표한 몇 편의 논문에서 심도 있게 양자간의 관련성에 대해서 분석했고 홍콩과 중국측 참여자들이 제출한 논문은 애초부터 주제와 맞지 않았으며, 그 중 일부는 다만 광의의 '객가연구' 분야와 약간의 연관성이 있을 뿐 '의민'에 대해서는 단편적인 언급에 그쳤다.

주제에 대한 토론에서도 비교적 주제에 접근한 몇몇 대만측 논문 발표자들간에 일부 의견교환이 있었을 뿐이다. 이 주제에 참여하고 토론한 사람들은 대만측의 연구자와 청중들뿐이었고, 홍콩과 중국에서 온 학자들은 회의의 주제에 대한 충분한 이해와 배경이 없어서 토론에 참여하지 못했던 것 같다.

이러한 추론은 그 목적이 학술회의에 참석한 외국학자의 열성과 수준을 이야기하자는 것은 아니다. 이러한 상황이 반영하는 더욱 심각한 문제는 세미나에 참석한 개인 혹은 전체적인 양안 세 지역의 학술수준의 차이라기보다는 양안 세 지역의 객가연구가들이 '객가연구'에 애초부터 공통된 문제의식이 없었다는 점이라고 해야 할 것 같다.

이번 학술회의의 주제인 '의민신앙'과 '객가사회'의 관계는 현대 대만 객가 특유의 현상이라고 할 수 있다. 주최측은 애초부터 대만사회에서 생활하지 않은 외국인인 '중국 객가인' 혹은 '홍콩 객가인'들이 — 그들이 객가어를 알아들을 수 있다고 하여도 — 의민신앙이 대만사회에 미친 영향을 이해하고, 이 문제의식에 몰입할 수 있을 것이라고 기대하지 말았어야 했다. 전후에 대만에 진입하여 이미 50여 년간 대만에서 생활했던 '대륙 객가인'(외성인) 조차 이러한 배경을 이해하지 못하는데 외국인은 더 말할 필요도 없는 것이다.

'의민신앙'이 현재 대만 객가연구에서 하나의 주제가 되고, 나아가 정부와 학계에서 '국제학술세미나'를 개최하여 토론할 만큼 중요성을 부여받게 된 점은 객가인이 현지에서 조우한 '에스닉 상호활동'의 역사와 객가 문화운동의 발전현황을 통해서 이해해야만 한다.

이 부분에 대해 답변을 얻고자 하는 문제는 두 가지가 있다.

(1) 어찌하여 '의민신앙'이 현대 대만 객가사회에서 중요한 문화적 소재가 되었는가?

(2) 비록 객가문화와 그 정체성이 존재한 지 오래되었지만, 전후에 대만

'객가인'과 '민남인' 간에는 동화된 추세(아래글 토론 참조)가 있을 것이다. 어떻게 하여 (1988년에) '객가 문화운동'이 출현하였는가?

첫 번째 문제는 '객가 문화운동'과 대만 객가 정체성의 중요한 역사적 문화적 요인과 관련된 '의민신앙'이 어떻게 이토록 중요하게 되었는가 하는 것이다. 두 번째 문제는 객가 문화운동이 '어떻게 발생했는가'의 문제와 관련된다. 대만의 객가인은 비록 거주하는 지역이 지리분포상으로 비교적 집중되어 있지만 거리가 상당히 먼 북부(도원, 신죽, 묘율지구)와 남부(고웅, 병동지구) 두 곳에 따로 집중 거주하고 있고, 이 중에는 '사현'(四縣)과 '해륙'(海陸)이라는 상이한 객가어 억양을 사용하는 집단도 있다. 이들은 서로 연락도 하지 않고 어투에서도 차이가 있는 집단인데 어떠한 상황에서 그리고 어떻게 '범대만 객가 정체성'을 구성해야겠다고 생각하게 되었는가?

첫 번째 문제에 대답하기 위해서는 반드시 객가인의 대만에서의 역사적 경험부터 이야기해야 한다.

1. 대만에서 객가인의 역사적 경험

'객가'라는 명칭의 유래는 '타향에 기거하면서 집으로 삼는다'〔客居他鄕而以爲家〕에서 비롯된 것이다. '객가'라는 명칭과 정체성은 일찍이 대만에 이주하기 전부터 존재했다. 뤄샹린〔羅香林〕의 연구에 의하면 객가인은 역사적으로 다섯 차례 대이동을 하였다.[1] 첫 번째는 오호난화(五胡亂華)〔동진(東晋)에서 수(隋) 당(唐) 시기까지〕 때, 하남(河南)의 중원지역에서 남부로 이동하였다. 청조 때 대만의 객가 이

1) 객가인의 대만이주 역사는 羅香林, 1992(1933), 《客家硏究導論》, 臺北 : 南天書局, 또는 〈漢聲〉 잡지 제 23기, "臺灣的客家人專集", 1990년 참고.

주민은 객가인의 네 번째 이동으로서, 대만으로의 진입은 주로 광동(廣東)의 혜주(惠州), 조주(潮州)과 가응주(嘉應州) 그리고 복건성 서부의 정주부(汀州府)에서였다.

1684년 청조 강희황제가 해외이주 금지정책을 철폐한 후 가응주(嘉應州)의 객가인들이 대규모로 대만에 이주하였다. 앞서 대만으로 이주한 복건출신 이주민과 논, 밭, 토지, 용수의 쟁탈전을 치르면서 객가인과 복료인의 관계는 그리 원만하지 못하였다.

그러나 객가인과 복료인 간의 본격적인 대규모 분리 유혈충돌을 일으킨 도화선은 청조 강희 60년(1721년)에 있었던 주일귀(朱一貴)〔장주부(漳州府) 인〕의 청조에 대한 항거였다. 초기에는 주일귀가 객가 출신의 두쥔잉〔杜君英〕의 군사적 호응을 얻으면서 이들 부대는 빠른 시일에 대남부(臺南府)를 공략할 수 있었다. 그러나 그 후 두쥔잉이 자신의 아들을 왕으로 추대하려 하자 많은 이가 이에 불복하면서 역으로 주일귀를 왕으로 세우려고 하였고, 이로 인해 민객(閩客) 간의 충돌이 발생했다. 두쥔잉이 패주하자 민남군이 추격을 멈추지 않았으며, 이와 같은 긴박한 순간에 고웅, 병동지역의 객가인들은 자신의 고장을 지키기 위해 단합하여 7개 병력을 편성하여 고웅과 병동 계곡에서 민남군과 결전을 치렀다. 그 결과 주일귀 부대는 궤멸되었고 연이은 청군의 추적 소탕작전으로 와해되었다.

고웅과 병동지역의 객가인들은 상술한 민간군사조직을 '육퇴'(六堆)로 칭하여 영구적인 군사조직으로 만들었다. 청 조정은 육퇴 객가인들이 반란평정에 공이 있었다고 하여 '의민'으로 책봉하였으며, 반란진압차 대만에 왔던 란팅전〔藍廷珍〕은 청조 조정에 월(粤)[2] 인들의 대만이주 제한을 해제하도록 주청함으로써 광동, 혜주, 조주, 복건 정주부(汀州府)의 객가인들이 대규모로 유입되었다.

---

2) 역자 주 : 월(粤)이란 지리적으로 중국의 광동성과 광서성을 말한다.

청조가 대만 경영에 적극적이지 못한데다 관리들의 부패가 들끓자 억압에 못이긴 항거가 많이 발생하였고, 청조는 이들 민간군사조직을 활용하는 한편 민/객, 장/천, 생번/숙번의 사이를 이간시키는 방법으로 반란평정과 사회질서 수호에 나서게 되면서 각기 다른 집단간의 장기간에 걸친 분리 유혈투쟁을 유발하였다. 여기서 주의할 것은 청조 조정이 이간시키려는 상대가 통상 반란을 일으킨 자가 누구인가에 따라 다르다는 것이다. 청조는 조정의 반란평정 협조에 공로가 있는 자를 '의민'으로 책봉하였는데 그로 인해 의민은 객가인에 국한된 것이 아니라 그 중에는 장주와 천주의 민남인도 있었다.

일본이 대만을 통치한 후 육퇴는 항일(抗日)로 와해되었다. 분리 유혈충돌은 법령으로 금지되었기 때문에 더 이상 발생하지는 않았으나, 민남과 객가 간의 껄끄러움과 적대감은 여전히 깊었다. 일본 정부는 인구통계에서 대만 한인 '본도인'(本島人)을 원적별로 분명하게 민(閩)과 월(粵)을 구분해 낼 수 있었다. 게다가 청조시기 자주 발생한 상이한 조상집단간의 분리 유혈충돌과 그 이후의 씨말리기로 인하여 원적별로 집단거주하는 형태를 만들어내었으며, 이에 더하여 복료와 객가 간의 적대감이 완전 해소되지 않은 듯하여 일본 식민정부는 대만의 행정구역을 설정할 때 의식적으로 이들 양자를 분리시켜 놓았다.

그렇기 때문에 일본 통치시기의 객가인 집단거주 형태는 매우 독특하였고 객가인 언어 및 문화의 보존과, 민남 객가 분리의식의 유지에 유리하였다. 또한 이로 인해 일본 통치시기에 복료와 객가의 구분은 일반 대만인의 생활에서 여전히 나름대로의 중요한 사회적 의미가 있었으며, 복료와 객가 간에는 일상생활에서 왕래가 없었을 뿐 아니라, 서로 통혼하지 않는 것도 매우 보편적이었다.

주목할 점은 일본 식민정부가 설정한 행정구역은 비록 민남과 객가 간의 차이를 고려하여 특별히 구분한 것이었지만 일반 백성들은 일상생활에서 식민통치자가 일방적으로 설정한 행정단위를 사회단위로 삼지는 않았다. 객가인들의 대만 북부 근거지인 도원, 신죽, 묘율 지역을 놓고 볼 때, 각기 다른 '의민묘'(義民廟)를 제사권으로 하여 다음과 같은 세 개의 생활교류지역으로 분류할 수 있다. ① 북부 쪽의 도원, 중력(中壢), 평진(平鎭), 용담(龍潭)의 십삼대장(十三大庄), ② 중간의 양매(楊梅), 신옥(新屋), 관음(觀音)과 신죽현의 방료(枋寮) 의민사 제사권의 십오대장(十五大庄), ③ 비교적 남쪽의 묘율현 6개 향진의 제사권이 그것이다.

각 지구의 각 마을은 반드시 윤번제로 매년 한 번 실시하는 의민 제사활동을 주관해야 했다. 이들 제사권의 범위는 일본 식민정부가 구획한 행정구역의 경계와 전적으로 부합하지 않는다. 최근 우중졔(吳中杰)의 연구결과에 의하면, 상술한 3개 제사권은 현재 같은 억양의 객가어를 사용하지만, 본래 남북 두 지역은 사현(四縣) 어투를, 중간은 해륙(海陸) 어투의 객가어를 사용했다.[3] 그러나 이들 지역 내의 주민들의 조상이 같은 고향에서 왔기 때문에 지금과 같이 동일한 억양의 객가어를 사용하는 것이 아니라 윤번제로 의민묘의 제사활동을 주관해왔기 때문에 지역 내 주민들이 일상생활에서 서로 의사소통이 필요하였고, 그리하여 현재와 같은 억양의 객가어를 발전시킨 것이다. 그리고 이들 의민 제사권의 범위는 지난날 객가인들이 인정하는 사회범위 혹은 그들이 상상하는 범위이기도 하다. 이들은 실질적으로 상부상조하였으며 필요시 군사적 단위(유혈충돌이 발생할 경우)의 범위로까지도 발전할 수 있고, 남부 고웅과 병동 지구의 육퇴와 유사하다.

그러나 어찌하여 대만의 객가인들은 '의민신앙'을 지역신앙의 상징

3) 吳中杰, "義民信仰與北臺灣客語分包格局的形成", 〔국립중앙대학 객가연구중심 주관 '의민신앙과 객가사회 : 양안 3개 지구 학술연토회'(2001년 12월 3일~4일)에서 발표〕.

이자 중심으로 삼았는가? 앞에서도 언급했지만 청조가 충성을 포상하고 의민이라는 칭호를 책봉한 것은 객가인에만 국한된 것은 아니었다. 그러나 객가인들은 대만 3개의 한인 원적집단(장주, 천주, 객가) 중에서, 차지하는 인구비가 가장 낮았기 때문(〈표 2-1〉 일본 통치시기 참조)에 조정에서 포섭하기 쉬운 대상이었다. 청조 역사중 확인되는 60번의 대규모 분리 유혈충돌 중, '민 · 월 충돌'은 19차례가 있었고, '장 · 천의 충돌'은 17건, '다른 성(姓) 간의 충돌'은 15건, '기타'는 9건이 있었다.[4] 육퇴지구의 객가인은 더욱이 장기적 성격의 군사조직을 구성하였고, 조정의 '의민' 책봉 하사를 세습화시켰다.

더욱 중요한 것은 롄야탕〔連雅堂〕이 일제시대(大正十年, 1921) 《대만통사》(臺灣通史)를 집필할 때, 대만 민족사관을 제시하였고, 청조시기에 대만 내에서 발생한 민란을 민족의식이 있는 '의거'사건으로 간주하였다. 이와 같은 민족사관하에서 조정의 민란평정을 도왔던 '의민'(객가인 여부를 막론)들은 이민족 정권을 도와서 한민족의 의거를 억압한 공범자가 되었다. 그렇기 때문에 '의민'이라는 화법에 '불의'라는 비판이 제기되었다. 롄야탕의 원적은 복건(복료인)이며, 복건과 객가가 여전히 대립 긴장하는 상황에서 '의민'사관에 질문을 던짐으로써 객가인들로 하여금 자신들의 신앙에 대한 의도된 모욕을 준 것이라고 생각하도록 하였다. '의민신앙'은 따라서 대만의 객가인의 '민객 대립의식'하에서 중요한 문화적 상징기호가 되었다. 민남계 인사들도 이와 비슷한 사고 속에서 자신들을 객가인들과 차별화하기 위해 조상들이 받았던 '의민' 혹은 '충열'이란 책봉을 잊어버리거나 이를 무시하기 시작했다.

그러므로 '의민신앙'이 객가사회에서 중요한 문화적 요인이 된 것은

4) 林偉盛(1993), "羅漢脚： 淸代臺灣社會與分類械鬥", 臺北： 自立晩報社 p.60, 〈표 2〉 자료를 근거로 하여 정리한 것이다.

대만에 이주한 객가인들이 지난 2~3백년간 대만사회에서 지내온 독특한 역사적 경험의 결과라고 할 수 있겠다.

2. 전후 '민남 · 객가 구분'의 점진적 희석

제 2차 세계대전 이후 대만이 중화민국으로 회수되고, 몇 가지 이유로 인해 과거의 '민객구분'이 점차 희석되었다. 제일 먼저, '민객구분'은 다른 종류의 공동체 분류로 대체되었다. 대만의 '본성인'과 새로 이주한 '외성인' 간의 대등하지 않은 접촉과, 본성인이 외성인으로부터 차별대우를 받는다는 생각으로 '출신성의 차이'가 모든 사람의 주의를 요하는 새로운 분류가 되어, 복료와 객가 간의 차이는 '출신성'의 차이라는 그림자로 압도되었다. 민남어와 객가어는 모두 방언으로 규정되었고, 현지문화〔산가(山歌), 희곡〕 역시 국민당 정부로부터 폄훼되었다.

그러나 국민당 정부는 민남과 객가 간의 갈등의 응어리를 알고 있었고, 일부 정치적 자리에서 의도적으로 민남과 객가 간의 균형을 유지하였다. 예를 들면, 도원, 신죽, 묘율 지구에서는 민남과 객가 출신이 윤번제로 지방자치단체장을 맡도록 하였고, 혹은 특정 배경이 있는 인사에게 현시장 혹은 현시의회 의장을 맡도록 제도화하였다.[5] 그러나 전반적으로 중앙정부 정권과 국가문화정책의 면에서 볼 때 민남인과 객가인이 받은 차별대우는 차이가 없었다. 그 중 하나 주목할 만한 변화는 1966년 이후 인구 총조사에서 한인들의 원적구분이 취소됨으로써 객가인, 복건인은 국가 인구통치의 분류상에서 본성인이라는 출신성의 부류에 묻혀버렸다. 그리고 국가 인구통계에 본성과 외성의 구분은 1992년 '호적법'이 수정되면서 사라지게 되었다.

다음으로 1960년대 이후 대만의 도시화와 공업화는 다수의 객가인

---

5) 蕭新煌, 黃明(2000), "臺灣地方社會與客家政治力：客家族群派系的類型, 發展及限制", 徐正光 主編, 《歷史與社會經濟：第4屆國制客家學研討會論文集》, 臺北：中央研究院民族學研究所, pp. 143~177.

들에게 집중 거주했던 전통적인 객가촌을 떠나 취학과 취업을 위해 도시로 이주하도록 하였다. 중앙연구원이 오랜 기간 진행한 대규모 사회조사의 표본분석에 의하면 현재 이미 '객가' 배경이 있는 응답자의 절반 이상이 대만의 전통적인 '객가촌'에 살고 있지 않고 있다(대만 전역의 359개 향, 진, 시, 구 중 59개 '객가촌'이 있는데 현재까지도 여전히 80% 이상의 인구가 객가인이다). 도시로 진출한 객가인들은 인구 비례상 소수이고, 또한 경제적 경쟁으로 대부분이 자신의 객가 신분을 은폐하고, 우세 에스닉집단의 언어를 배워서 사용하고 있다. 여기에는 문화상 우세를 차지한 북경어, 인적 우세를 차지한 복료어가 포함되어 있다. 자녀들에 대해서도 국어교육의 중요성을 강조하고, 객가의 언어와 문화의 보존에 별로 신경을 쓰지 않는다.

게다가 도시환경 속에서 흩어져 살고 있는 형태를 취하기 때문에 객가어를 배우고 사용하는 여건이 조성되지 않고 여기에 지난날 정부가 국어보급정책을 추진하면서 객가어를 방언으로 규정하여 사용에 크게 제한을 가함으로써 도시에서 출생, 성장한 2세들의 객가어 사용

〈표 6-1〉 대만지구 객가인 자녀의 객가어 구사능력 정도

(단위: %)

사용능력	비율	소계
매우 유창	17.9	50
적절한 수준	31.3	
그다지 유창하지 않음	15.0	20
잘 못함	5.6	
듣기는 가능하나 말하지 못함	17.9	30
듣기도 말하기도 불가능	12.3	

출처: 徐正光, 蕭新煌, 1995, "客家族群的 '言語問題' — 臺北地區的調査分析", 〈民族學研究所資料滙編〉, 第十期: 1~40.

능력을 저하시켰다.

쉬정광〔徐正光〕과 샤오신황〔蕭新煌〕의 1990년대 상반기 대북지역 객가 민중의 객가어 사용실태 조사에 의하면 응답자 중 자녀들이 객가어를 유창하게 사용한다고 한 비율이 50%가 채 되지 않았다. 그 상세한 내용은 〈표 6-1〉과 같다. 이들의 자료에 의하면, 대북지역 40세 이상의 객가인 중 약 절반은 유창한 객가어를 구사할 수 있다. 그 중에서 70%의 가정이 부부가 모두 객가인이고 나머지는 통혼한 가정인데 이들은 객가어를 사용하지 않는다. 부부간의 의사소통이나 자녀와 소통에서 단지 20% 정도만이 객가어를 사용하고 있다. 객가인 응답자 중 직장에서 사용하는 언어는 68%가 북경어, 28%가 민남어, 객가어는 단지 4%밖에 되지 않았다.

이들 두 연구자에 따르면, 객가어는 대체적으로 집안에서만 사용되고 공공장소에서는 국어(북경어)나 민남어를 사용하여, 사실상 객가는 '보이지 않는 에스닉'이 되어버렸다. 그런데 응답자들에게 객가 출신 젊은 사람들이 언어를 유실한 원인을 질문한다면, 대부분이 '윗세대들이 진력을 다하지 않기 때문'이라고 대답한다. 그러므로 절대 다수의 응답자들은 객가어 학습에 찬성하고 대중매체에 객가어 프로그램이 있기를 희망한다.

만약 에스닉의 동화라는 각도에서 본다면, 소수 에스닉의 언어와 문화가 우세자에 의해 대체된 것은 점차적으로 융화·동화되고 있다는 상징인데, 어떻게 에스닉 의식이 부활하게 되었는가?

3. 객가 정체성의 부활: 객가 문화운동의 등장

1980년대 정치적 저항세력의 '본토화' 고취에 자극받은 많은 객가인들이 비로소 객가언어와 문화유실의 위기를 깨닫게 되었다. 객가인, 복료인 할 것 없이 모두 다 언어, 문화적으로 국민당 문화정책의 탄압을 받았기 때문에 일부 객가인은 야당에 대한 지지활동을 통해 '본성인'이라는 에스닉 분류 상상하에서 복료인과 손을 잡고 '본토문화의 부활'이라는 공통된 목표추구에 나섰다. 그러나 이러한 협력관계는 객가 문화운동의 등장으로 분열되는 추세를 보이고 있다.

객가 문화운동의 등장을 가져온 중요한 원인 중 하나는 대만 전체 객가인을 범주로 하는 '객가 상상'이 발생한 것이었다. 과거 대만 객가인의 지리적 분포는 집중 거주지역이 있었지만, 전반적으로는 분산되어 있었다. 큰 범위 안에서 볼 때 객가인의 집단 거주지역은 세 군데인데, 북부의 도원, 신죽, 묘율 지역, 남부 고웅, 병동 지역의 육퇴와 화련 동부해안 평원의 일부지역(〈그림 6-1〉 참조)이다.

이들 촌락은 지리상으로 연결이 안 되었을 뿐만 아니라 동일지역의 마을에서조차 지리적으로 서로 인접해 있음에도 불구하고 제사권이나 객가어의 억양 차이로 인해 또다시 서로 단절된 작은 지역으로 분열되어 있었다. 소규모 '의민묘'(義民廟) 제사권은 일상생활의 상호활동 속에서 나름의 당번범위가 있었기 때문에 다른 제사권과는 거의 접촉이 없었다. 원주민마을과 마찬가지로 객가마을도 수적으로 적지 않았으며 또한 상대적으로 특정지역에 집중되어 있었지만 사회관계상 이들은 서로 독립적이었고, 가족 또는 혈연관계에만 의존하는 사적인 연대만이 존재했다. 이러한 분포양상과 공동체 간의 관계는 '범대만 객가' 정체성 부흥에 불리한 것이었다.

그러나 1980년대 이후 대만 내에 신흥종교가 나타나면서 각종 사

〈그림 6-1〉 객가촌의 지리적 분포도

출처: 중앙연구원 민족학연구소 '臺灣地區社會變遷基本調査'의 자료에 의거한 제도

〈객가잡지〉(客家雜誌) 제 1, 2기 표지.

찰간에 상호방문과 참배활동이 활발해졌다. 본토문화 부활의 열기 속에서 각종 본토 종교단체 또한 활성화되었다.

1988년 8월 19일에서 21일까지 대북시에서는 의민 제농활동이 거행되었고, 같은 해 12월 4일에서 22일까지는 신죽의 의민묘에서 창건 200주년 기념법회를 개최하면서 대만 각지에 있는 25개 의민 분묘의 주신인 '의민'이 최초로 종묘인 신죽의 의민묘로 돌아와 합해지게 되었다. 이들 대만 각지에 분산되어 본래 별반 상호관계가 없었던 '의민묘'가 이 행사를 계기로 하나가 되었다.[6]

대부분의 의민묘는 전통마을 안에 있었기 때문에 이 행사를 통해 대만각지의 객가마을에서만 거주했던 객가인들이 최초로 문화적 사회적 처지가 유사한 다른 객가인과 접하는 기회가 되었다. 이들은 대만 각지에 다른 전통 객가인들이 있다는 것을 알게 되었다. 이는 '범대만 객가' 정체성의 상상에 지대한 도움을 주었으며, 이 제전이 종료되고 2주도 지나지 않아 최초로 전체 대만 내 객가인의 권익을 목표로 하는 운동이 출현하게 되었다.[7]

1988년 12월 28일 설립된 객가 운동단체인 '객가 권익촉진회'가 '우

6) 范振乾(2001), "義民爺.信仰與臺灣客家文化運動"〔국립중앙대학 객가 연구중심 주관 '의민신앙과 객가사회: 양안 3개 지구 학술연토회'(2001년 12월 3일~4일)에서 발표〕.

7) 이는 '우리모어 되찾기'대행진이 의민묘 창건 200주년 기념행사의 연장선에 있다고 말하는 것이 아니며, 다만 '범대만객가인'의 상상이 점진적으로 나타나고 있다는 것을 의미한다.

리모어 되찾기'(還我母語) 대행진을 전개하면서 대만의 객가 문화운동이 공식적으로 수면 위에 드러나게 되었다. 이 운동이 제시한 목표에는 '객가어 방송, TV 프로그램을 개방하여 두 가지 언어교육 실시하기, 언어 평등 정책 확립, 방송TV법 제20조의 방언에 대한 제한을 보장규정으로 수정' 등이 망라되어 있다.[8)]

객가 '우리모어 되찾기'(還我母語)행진, 사진: 許伯鑫.

이들 객가어를 살리자는 촉구에는 은연중에 전체 객가인 '공동의 문화적 처지'에 대한 상상이 내포되어 있다. 그러나 객가 운동가가 지적했듯이 이 운동에서 고취하고 있는 '객가어'에 대해 그 당시에는 의견의 일치를 보지 못했다. 각지의 객가어에는 여전히 상이한 억양과 특정 낱말의 사용법(四縣/海陸)이 있었으며, 객가인은 이러한 차이를 크게 의식하고 있었다. 만약에 TV나 방송에서 '객가어'를 사용한다면 어떤 억양의 객가어를 기준으로 하여야 하는가? 객가 문화운동가들이 반드시 마주해야 하는 도전은 원초적 언어문화의 차이를 극복하고 통일된 '객가어'를 확립하는 것이다. 이렇듯 통일된 언어가 결여된 상황에서 객가 문화운동은 가장 먼저 객가 언어문화(그것이 어떠한 억양에 속하든 간에)가 받은 사회적 핍박에 대해 저항함으로써 객가 정체성을 모으는 기초가 되었는데, 이는 제일 먼저 '그들(외부인, 압박자)은 누구인가'를 정의하는 데서 시작되었다. 그렇다면 핍박하는 자는 누구인가?

8) 楊長鎭(1991), "客家運動與客家人文化身分意識之甦醒", 徐正光 主編《徘徊於族群與現實之間：客家社會與文化》, 臺北：正中書局, pp. 193.

〈대만 객가 관련 도서 목록 및 개요〉(台灣客家關係書目與摘要)

앞서도 지적했지만 '미려도 사건' 직후 저항 운동은 국민당의 중국 민족주의에 효과적으로 대항하기 위해 '대만 민족주의'에 대한 논술을 개발하기 시작하였다. '대만 민족주의'를 확립하는 과정에서 불가피하게 '대만민족'의 독특한 문화와 언어 그리고 역사관에 대한 범위설정이 있어야 했다. 이러한 확립의 과정에서 당초 복료인과 객가인 간의 언어적, 문화적, 역사적 기억의 상이가 분화작용을 일으키기 시작했다. 과거 롄야탕〔連雅堂〕이 제창한 '대만 민족사관'을 승계했던 상황에서 신세대 반대운동세력은 '대만 민족 언어'를 규정하면서 가장 많은 사람들이 사용하는 '복료어'를 실제 행사장에 사용하는 '대만어'로 정의하였다. 이와 똑같이 '핍박받은 본토언어' 신분인 '객가어'는 이와 대등한 중요한 대접을 받지 못한 듯하였다.

1986년 민진당이 공식 창당된 후 이들은 일련의 가두 항쟁활동을 전개하면서 국민당의 폭압통치에 도전하였다. 이들 군중집회의 장소에서 사용하는 언어 자체 또한 도전의 일부분이 되었다. 토착 언어와 문화가 국민당 정부의 탄압을 받았다는 것을 부각시키기 위해 야당은 집회장소에서 '대만어'의 사용을 고집하였다.[9] 그러나 '객가어'는 여전히 '대만어'의 한 종류라고 인정받지 못한 듯하였다. 이러한 사태는 똑같이 국민당 정부에 의해 '대만인' 또는 '본성인'으로 규정되어 온 객가인으로 하여금 국민당의 국어보급정책 외에 야당운동세력에 의해 대표되는 민남인의 언어박해까지도 느끼게 했는데, 이러한 느낌은 끝내 '우리모어 되찾기'운동을 촉발하게 한 요인 중 하나가 되었다.[10]

9) 王甫昌(1996), "臺灣反對運動的共識動員：1979年到1989年兩次挑戰高峰的比較", 〈臺灣政治學刊〉, 창간호, pp. 129~209 참조.

10) 1988년 객가인의 '우리모어 되찾기' 행진 전날 육퇴(六堆)의 객가인 중샤오상

그 외에 '대만민족'의 적에 대해 정의를 내릴 때, 저항운동가들은 청조 정권을 대만 역사상 수많은 '외래정권' 중 하나로 간주하였다. 대만에서 청조시절 발생하였던 민란 또한 외래정권의 탄압에 맞섰던 '의거사건'으로 재해석되었다. 이러한 새로운 사관은 객가인의 의민 신앙 또는 의민제사가 객가사회와 정체성에 미치는 중요성을 완전히 간과한 것이었다. 일부 반대운동세력은 나아가 '불의지민'(不義之民)으로 객가인 의민신앙의 정의성을 질문하기도 하였다.11) '의민'은 객가인들이 지우려야 지울 수 없는 부정적 낙인이 되었으며, 한편으로는 일부 객가인들의 경우 의도적으로 자신의 의민신앙을 강조함으로써 민남인에 대한 항의의 상징으로 삼기도 하였다.

이와 같은 비교적 단기적인 정치적 요인으로 오랜 기간 객가인들의 낮은 인구비, 생존을 위해 종종 자세를 낮추어 대만사회에서 '투명인

〔鍾孝上〕은 언론매체와의 인터뷰에서 국민당의 언어정책은 지극히 불만족스러운 것이지만 민진당이 북경어를 배척하면서 민남어를 취하는 것은 마치 민남어만을 '대만어'로 인정하고 그 밖의 말은 모두 무시하는 것과 같다고 지적하였다. 그는 또 민진당이 '민남어'를 '당의 공식언어'로 채택할 경우 새로운 정당설립운동을 벌일 수도 있다고 덧붙였다("客家人政黨組織考慮", 〈中國時報〉 1988년 12월 28일자 참조).

11) 의민은 '불의지민'(不義之民)이라는 주장은 일찍이 롄야탕〔連雅堂〕이 《臺灣通史》(1921)에서 명시한 민족사관을 통해 제기되었으며, 이러한 의제는 1979년 〈미려도〉 잡지시기에 이미 열띤 토론을 불러일으켰다. 양비촨〔楊碧川〕은 《簡明臺灣史》(高雄 : 제1 출판사, 1987)에서 수정을 가했지만 이와 유사한 개념을 제시한 바 있다. 객가 연구가 천윈둥〔陳運棟〕의 1987년 장기간에 걸쳐 의민으로 인정되어 왔으나 사실상 의롭지 못한 백성(不義之民)이었다는 주장에 대한 반론의 글 참조할 것. 천윈둥〔陳運棟〕의 "義民乎? 不義民乎? -重探林.爽文事件與 '義民'之擧"(원저는 〈三臺雜誌〉 (1987년 10월)에 최초 게제되었으나 臺灣客家公共事物協會 主編, 《新个客家人》(1991), 臺北 : 臺原出版社의 글을 참조하였음). 楊長鎭(1997), "民族工程學中的客家論述", 徐正鋒 主編, 〈族群政治與政策〉, 臺灣教授論壇專刊, 4 : pp. 17~35, 臺北: 前衛出版社.

간'의 역할을 해온 것, 그리고 다음 세대에 객가어가 유실될 우려 등이 더해지면서 객가 문화운동이 1987년 발생하게 되었다. 우리는 그 발생배경을 근대 객가 문화운동세력이 지적한 객가인과 객가사회가 직면하고 있는 4대 문제를 통해 찾아볼 수 있다.

(1) 객가어의 대량유실과 문화가 단절될 것이라는 곤경.
(2) 역사해석권의 재건, 왜곡되어 온 객가인의 이미지를 본래의 모습으로 되돌려 놓는 것.
(3) 민주적이고 공정한 정치경제 체제의 확립. 객가인의 합리적인 권익 쟁취.
(4) 합리적인 에스닉 관계 재건으로 새로운 사회질서의 기초를 세움.[12]

이상과 같은 곤경과 문제의 표명을 통해서 객가인들이 언어, 역사적 기억('의민'의 정립과 관련)과 정치, 경제 각 분야에서 스스로를 약세 에스닉이라고 생각하고 있다는 것을 알 수 있다. 이는 한편으로 객가인의 인구수가 적기 때문이기도 하지만 다른 한편으로는 객가인이 지난 날 민남인과 마찬가지로 문화적으로나 정치적으로 '외성인 정권'으로부터 동일하게 불공평한 대우를 받았기 때문이다. 객가 운동가에게 있어 반대운동의 민주화와 본토화의 도전은 본래 이러한 지위를 변화시킬 수 있는 기회를 대표하는 것이었다.

그러나 대만 민족주의 중 대만민족의 경계에 대한 논술이 그들에게 객가 문화와 역사적 기억에 대한 핍박의 원천이라고 느껴지게 되었을 때, 이로 인한 실망으로 발생한 약세 에스닉 의식은 과거 국민당 동화정책의 핍박에 대한 반발에 뒤지지 않는다. 특히 주목할 점은 이 중 객가인 역사 해석권에 대한 소원(객가인의 역사적 모습을 바로잡자)이 과거 국민당의 중국 민족주의 사관에 초점이 맞추어 있는 것이 아

12) 律正芝(1991), 主編《徘徊於族群與現實之間:客家社會與文化》, pp. 8~9, 臺北: 中正書局.

니라 그 당시 민진당의 의민신앙에 대한 질의로서의 '대만 민족주의' 중 잠재된 복료사관(福佬史觀)에 맞춰져 있다는 것이다.

이러한 상황에서 이른바 객가인의 '에스닉 의식'은 상당한 부분이 인구에서 다수를 차지하는 '민남인'에 맞추어져 있었다. 특히 1980년대 이후 본토문화 부활의 열기로 인해 민남어(복료어)를 사용하는 인구가 많아짐으로써 민남어는 국어(북경어) 이외의 또 다른 우세언어로 자리잡게 되었다. 이러한 저항 의식화에서 '객가인' 정체성의 의미는 '민남인'과 상대적일 때 특히 돌출되었다.

우리는 이러한 점들을 다음과 같은 몇 가지 객가 에스닉 의식의 상승을 대표하는 지표를 통해 설명할 수 있다.

1) 근대 객가 문화운동의 출현시기

일반적으로 1987년 '객가 권익촉진회'(客家權益促進會) 발족과 〈객가풍운〉(客家風雲) 지의 창간이 근대 객가운동의 이정표라는 점에 동의한다. 대만에서 객가 정체성에 대한 요구가 오래 전부터 있었고, 오랜 세월을 통해 객가인이 스스로를 약세자로 인식했지만 객가 문화운동이 표방하는 객가 문화와 정체성의 재건에 대한 요구만큼은 지난날의 '스스로 감추기' 또는 '주류문화에 융합하기'의 방식과 다른 것이었다. 이는 어느 정도 본성인 에스닉 의식의 발전과정에서 고무받은 것과 '대만 민족주의'의 논술 중 객가인에 대한 대우가 만족스럽지 못한 데에서 자극받았던 점이 영향을 미친 것이었다. 객가 문화운동의 정식조직이 민남인 에스닉 집단의 역사의식을 대표하는 민진당의 출현 이후에 나타났다는 것은 분명히 이러한 즉각적인 자극과 관계가 있는 것이었다.

2) 객가문화 특성 재건의 의도와 노력

이는 주로 객가연구 저술과 간행물의 대폭적인 증가에서 나타난다. 〈표 6-2〉에서는 대만성 문헌위원회에서 편집한 〈대만 객가관련 도서목록 및 개요〉에 수록된 5,614종의 객가관련 연구서적, 논문과 학위논문을 최초 출판연도별, 단계별로 정리하였다.

〈표 6-2〉의 자료에서 알 수 있듯이 4분의 3 이상의 객가 연구서적들이 1988년 '우리 모어 되찾기'행진 이후에 간행(1,453권의 서적 중 1,100건으로 75.7% 차지)되었으며, 60% 이상의 객가 연구문헌 또한

〈표 6-2〉 객가 연구서적, 논문, 학위논문의 출판시기별 구분

(괄호는 %)

출판시기	서 적	학위 논문	학술 논문	통속 문장	편집된 서적의 글	총 계
1946~60년	33 (2.3)	0	0	7 (0.3)	3 (0.3)	43 (0.8)
1961~70년	16 (1.1)	8 (5.7)	6 (1.4)	288 (10.8)	27 (2.9)	345 (6.1)
1971~80년	98 (6.7)	17 (12.1)	2 (0.5)	252 (20.7)	139 (14.8)	808 (14.4)
1981~87년	206 (14.2)	28 (19.9)	30 (7.1)	615 (23.1)	120 (12.8)	999 (17.8)
1988~98년	1,100 (75.7)	88 (62.4)	382 (91.0)	1,199 (45.1)	650 (69.2)	3,419 (60.9)
합 계	1,453	141	420	2,661	939	5,614

출처: 臺灣省文獻委員會(1998), 《臺灣客家關係書目與摘要(上, 下冊)》, 南投: 臺灣省政府文獻委員會를 정리하였음.

객가 문화운동이 출현한 뒤 10년 이내에 출판된 것으로서 상대적으로 과거 40년 동안 전체 문헌의 약 40%를 차지할 뿐이었다. 1988년 이전에 간헐적으로 일부 작품이 간행되기도 했지만, 객가 연구서적과 간행물의 대폭 증가에서 나타난 에스닉 집단의식은 운동단체와 운동 전개가 있었던 그 전후에야 크게 성장하였던 것이다. 그 외에 〈표 6-2〉의 일부 초판 발행연도를 인용하여 작성한 〈그림 6-2〉에서 나타나는 바와 같이 1991년부터 현재까지 대만 내 연간 최소 50권 이상의 객가 연구관련 신작이 등장하고 있는데, 1994년 이후에는 연간 100권 이상으로 상승하였고, 1997년에는 200권을 넘는 등 그 성장의 폭은 실로 놀라운 것이었다.

이처럼 새로 등장한 객가연구에서 그 주제는 객가인의 문화와 역사적 뿌리를 탐색하는 것 외에 공통적으로 '의민묘'의 역사적 의미정립에 대해 여전히 논쟁하고 있다는 것이다. 과거의 객가연구—예로 뤄샹린〔羅香林〕의 《客家研究導論》(1933) 또는 천전뚱〔陳運棟〕의 〈객

〈그림 6-2〉 객가 출판물 유형별 추세도 (1946~1998)

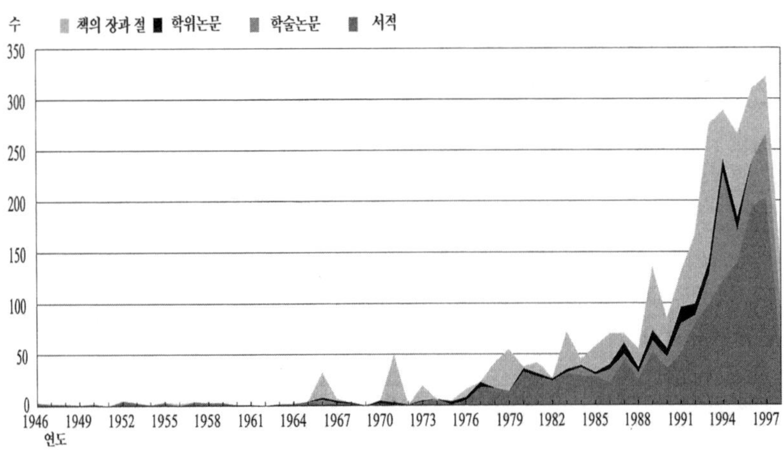

〈그림 6-3〉 대중간행물 속 객가관련 문장 추세도 (1946~1998)

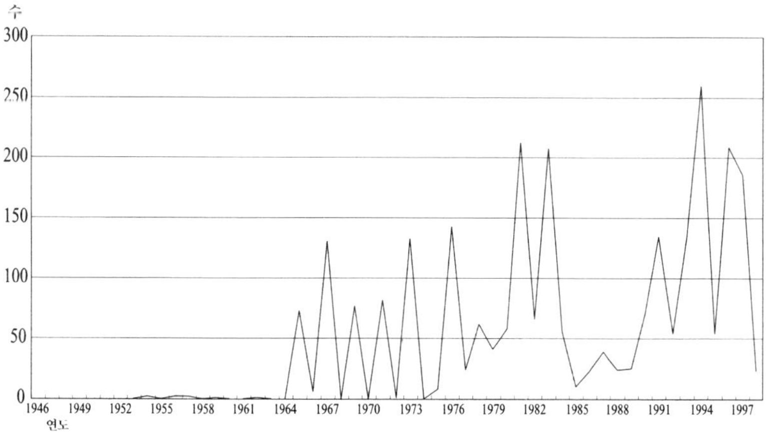

저자 주: 대중간행물은 수적으로 많고, 또한 즉각적으로 그 당시 사회에서 당장 관심을 보이고 있는 주제의 반영이 가능하다는 점에서 장시간을 필요로 하는 일반학술논문 또는 서적과 같지 않기 때문에 별항으로 도표화하였다.

출 처: 저자가 대만성 문헌위원회 《臺灣客家關係書目及摘要》, 1998에 의거하여 정리하였다.

가인〉(客家人) (1978) — 와 상대적으로 1988년 이후 간행된 대만 내 객가 연구에서는 자주 역사적으로 '민남인'과의 긴장관계와 객가 문화 및 역사의 중요한 요인과 그 중요성으로서 의민묘를 언급하고 있다.13)

그러나 '민남인'과 차별성을 강조하는 것 외에도 과거 출신성별로 에스닉을 구별한 경험과 원주민 운동이 등장했던 외재적 상황으로 인하여 객가인의 에스닉 의식 중에는 '민남인'의 '복료 쟈르주의'에 반대

13) 楊長鎭(1997), "民族工程學中的客家論述", 施正鋒 主編 〈族群政治與政策 臺灣教授論壇專刊〉, 4 : 17~35, 臺北 : 前衛出版社.

하는 것 외에도 기타 에스닉과의 차이에 대한 인지 또한 포함되어 있다. 여기서 보급된 것이 바로 대만 에스닉 집단상상의 또 다른 중요한 전환이다. '상대성'적 에스닉 구별(예컨대, '민남인'에 상대적인 '객가인')에서 '다원 에스닉'(예컨대, '4대 에스닉')의 에스닉 구분으로의 전환인데 이는 뒤에서 다시 논하겠다.

제7장

'외성인' 에스닉 분류 상상의 생성과 발전

1. 대만사회에 진입한 대륙이민들의 처지

1949년을 전후로 약 100만 명의 본토 각 성의 인사들이 중앙정부의 철수에 따라 대만으로 진입하였다.[1] 이러한 신주민은 당시 대만인구의 15% 정도에 해당했다. 이들은 서로 상이한 성에서 왔으며, 언어·문화적으로도 상당한 차이가 있음에도 불구하고 대만 이주를 전후로 하여 공유한 사회적 특성과 당면한 공통적인 처지로 인해 대만 본지인과의 접촉과정에서 점차 현지인과 상대적인 대륙인(또는 '내지인')이라는 우리집단〔我群〕 의식을 갖게 되었다.

(1) 업무상의 동질성(군인, 공무원, 교육 부문에 집중)
(2) 경제적으로 곤란했을 때 국민당과 국가에 대한 의존감
(3) 중화민국, 국민당과 장제스에 대한 충성을 포함한 공유된 정치의식
(4) 공유하는 기억과 군벌, 일본인과 중공군과의 전투경험
(5) 고향을 등지고 피난 나와 주위가 모두 다 대만인으로 둘러싸여 있고

---

1) 리둥밍〔李棟明〕의 계산과 추정에 따르면 1949년에서 1953년까지의 기간 동안 대만으로 진입한 본토 각 성 인사의 수는 약 91만 명이다. 李棟明(1969), "光復後臺灣人口社會增加之探討", 〈臺北文獻〉, 9·10期 合版, pp. 215~249. 참조.

대륙을 탈환해야 한다는 공통된 경험[2)]

이러한 의식은 '2 · 28 사건' 직후 많은 대만 본성인들의 조국에 대한 실망과 '외성인'에 대한 반감 등으로 인해 점차 신주민에게 파급되었다. 이제 대륙에서 온 신주민들은 본성인들로부터 사회적 차별을 받는 것 외에도 일부 본성인의 적대감을 피부로 느낄 수 있었다. 이러한 가운데 '외성인'은 점차 본성인과 상대적인 에스닉 구분감을 발전시키게 되었다.

그러나 이러한 구분감은 결코 '(약세) 에스닉 의식'이 아니었다. 대륙에서 대만으로 진입한 이주민 중에는 중앙정부의 각급 관리, 입법위원, 국민대회 대표, 감찰위원, 고위군관 그리고 문화교육계의 엘리트들이 포함되어 있었다. 중화민국의 전체 상층 정치구조가 대만이라는 하나의 성(省)으로 옮겨진 것이다. 이러한 상층 정치구조는 이주해 온 대륙의 각 성 출신 인사들에 의해 장악되었다.

국민당 정부는 '동원감란 시기'라는 명의로 헌법 추가조항을 만들어 국회의 재선을 동결하고 대륙에서 선출된 제1기 입법위원이 (본토수복 이후) 제2기 입법위원이 선출될 때까지 계속 직권을 행사할 수 있도록 하였다. 게다가 중국공산당에 대항하고 중국의 정통적 지위와 국제적 승인을 끌어내기 위하여 국민정부는 대만에서 '중화문화 부흥운동'이라는 명목으로 강압적인 중국문화교육을 실시하는 한편 문화정책에서 북경어만을 인정하고 대만의 토착 언어문화를 억압하였다. 그리하여 1990년대 이전의 외성인의 경우 전반적으로 중앙정부의 권

2) Chang, Mau-Kuei〔張茂桂〕(1994), "Toward an Understanding of the *Shen-chi Win-ti* in Taiwan : Focusing on Changes after Political Liberation."〔pp. 93~150 in Chen Chung-min, Chuang Ying-chang, and Huang Shu-min(eds.) *Ethnicity in Taiwan : Social, Historical, and Cultural Perspectives*, Taipei: Institute of Ethology, Academia Sinica〕, p. 108.

력과 정부가 장악한 문화영역에서 절대적 우위에 있었다.

그러나 외성인의 정치면에서의 상대적 우세는 경제분야로까지 완전히 옮겨가지는 못했다. 대만에 이주해 온 외성인 중 대자본가가 적지 않았는데도 불구하고 이들 중 대다수는 경제적 우세자가 되지 못하였다. 1960년대, 대만경제가 발전하기 시작한 후에도 많은 외성인들은 군대, 공무원 혹은 교직에 종사하고 있거나 대만어를 할 줄 몰랐기 때문에 개인업체에 취직하기가 쉽지 않아 경제적 상승에 따른 실질이익을 십분 향유하지 못했고 이에 따라 경제적인 면에서 상대적 박탈감을 느끼기 시작하였다. 그러나 외성인이 여전히 정치권력의 주도권과 사회문화에서의 우세지위를 유지했고, 본성인에 비하여 나름대로의 우세도 없지 않아 자신과 본성인 간에 뚜렷한 차이가 있다고 생각하고 있었다. 그럼에도 불구하고 자신이 '약세 에스닉'이라고 생각하지 않았다. 이른바 '외성인'의 (약세) 에스닉 의식은 대만의 정치와 문화가 점차 본토화되기 시작하면서 형성된 것이다.

2. 민주화운동에 대한 국민당 정부의 대응

1970년대 중반 이후, 반대운동측이 정치 민주화와 본토화의 요구를 들고 나오기 시작했을 때, 대륙 각 성의 이주민들은 이주한 정부와 중국 민족주의 및 당과 국가에 비교적 의존적이었기 때문에 매우 큰 충격을 받았다. 그러나 국제정세가 날이 갈수록 '중국의 법통' 주장에 불리하게 되었고, 따라서 국민당 정부는 선거를 개방하지 않을 수 없게 되었으며, 나아가 보다 많은 현지의 엘리트를 권력구조 속으로 흡수하여 통치의 합법성을 유지하고자 했다.

1972년 시작된 국민당의 증액입법위원 선거개방은 본성인의 광대한 정치참여확대 요구를 무마하였다. 외성인이 과거 대만선거에서 승리하는 것이 어렵고 선거의 목적이 본성 엘리트의 요구 무마용임을 감안할 때 국민당은 본성 출신 당원의 공천에 크게 주력하였다. 그 외에 장징궈가 행정원장에 취임한 이후, 본성 출신의 청년 엘리트를 양성·발탁하여 국민당과 정부체제 안으로 끌어들였다. '취대청'(吹臺青, 대만성 출신의 우수한 청년의 임용)이라고 비아냥거림받기도 한 정책의 추진은 은연중에 대만에서 성장하였지만 배경 있는 가정출신이 아니면서 정치참여를 꿈꾸는 외성인 2세로 하여금 승진의 길이 막혔다는 생각에서 정치적으로 상대적 박탈감을 느끼게 하였다.

그러나 이는 어디까지나 정치적 야심이 있었던 사람들이 느꼈던 상대적 박탈감일 뿐이었다. 일반 외성인 민중들의 경우 진정으로 그들로 하여금 약세 에스닉 의식을 싹트게 한 직접적 요인은 대만의 정치적 문화적 본토화의 진전에 따른 자극이었다.

1980년대 이후 대만정치의 민주화와 본토화는 외성인에게 정치와 문화면에서의 상대적 박탈감을 심화시켰다. 한편 민진당이 '대만 민족주의'를 구축할 때 국민당을 '외래정권'으로 규정짓는 주장은 일반 외성인들로 하여금 자신은 국민당과의 역사적인 관계로 인해 '대만 민중을 탄압하는 외래정권'과 '공범'이라는 오명을 씌웠다고 생각하도록 하였고, '대만 400년 역사', '대만 사람은 대만 말을 하자', '대만이 주체이다' 라는 주장은 더욱 외성인을 이 땅 위의 '외부인'으로 자리매김하도록 하였다.

다른 한편으로 외성계 민중들은 리덩후이가 총통과 국민당 주석직을 승계한 후, 권력구조가 점차 본토화되어 국민당은 본래 국민당의 '중국 민족주의'(중국의 통일추구) 목표를 유지하지 못하고 외성인의 이익에 대한 보호와는 멀어져 가고 있을 뿐만 아니라 외성계 엘리트를 배제하는 경향까지 있다고 생각하게 되었다. 1990년 2월의 정치 파동에서 국민당 내부의 본성/외성인 간의 다툼이 격화되면서 이른바 '주류파'(본성인이 주축)와 '비주류파'(외성인이 주축)라는 구분이 형성되었다. 그러다가 1991년 제2기 국민대회대표 대의원과 1992년 제2기 입법위원의 전면 재선이 있은 후, 외성인들은 인구비가 낮았기 때문에 정치권력의 분배과정에서 불리해지기 시작했다.

3. 신당(新黨)과 외성인의 에스닉 의식

1993년 8월, 국민당 내의 제2세대 외성 민선 엘리트가 주축이 된 '신국민당 연선'(新國民黨連線)은 당내에서 '독재' 및 배척, 억압을 받는 상황에서 대만독립 반대, 중화민국 사수, 금권정치 반대 등을 주장하면서 국민당 탈당을 선포하고 '신당'을 창당하였다. 비록 신당의 설립취지가 '에스닉 정당'을 목표로 한 것은 아니었고 초기에는 실제로 '소시민의 대변인'을 내세워 에스닉을 뛰어넘는 대중적 지지를 받았다. 그러나 당의 주요 목표인 '대만독립 반대'(민진당과 본토화 이후의 국민당), '독재반대'〔리덩후이(李登輝), 최초의 본성인 총통〕라는 주장이 대만사회에서 과거 출신성별 구분과 고도로 관련성이 있었기 때문에 이러한 요구는 아주 빠르게 지지자들 사이에서 상당한 에스닉 구분의 효과를 낳게 하였다.

1994년의 대북시장 선거과정에서, 신당의 시장 입후보자인 자오사오캉〔趙少康〕이 채택한 선거전략은 이번 선거를 '중화민국을 수호하는 싸움'이라고 규정하였다. 그는 선거기간 동안 수천 명에서 수만 명이 몰려왔던 수십여 차례의 유세동원을 통해 다수의 외성인들의 열렬한 지지의 획득하는 데 성공하였다. 그러나 이러한 활동은 동시에 많은 본성인의 우려와 긴장을 불러일으켰으며, 선거기간 동안 민중간의 대립정서를 격화시켰다.

대북시장 선거전 후반, 신당은 이른바 '황 후보를 버리고 천 후보를 지킨다'〔棄黃保陳〕론을 제시하였는데, 이는 국민당의 고위층 외성인 자오사오캉의 당선을 저지하기 위해서 자기당의 입후보자인 황다조우〔黃大洲〕을 포기시킴으로써 본성인인 천수이볜을 쉽게 당선시킬 수 있도록 결정하였다는 주장이다. 이러한 주장의 신빙성은 고사하고, 출신성 감정으로 가득 차 있는 이들 에스닉 집단 정치논리의 배후에는 본토

신당 잡지 〈신연선통신〉(新連線通訊)

화의 국민당이 대만독립을 주장하는 민진당과 연합해서 '대만독립의 반대, 중국통일'을 주장하는 신당에 대항한다는 가정이 숨어있는 것이다. 이러한 이유는 보다 높은 차원의 국가적 정체성(통일 또는 독립에 관한 입장)의 논쟁으로 비화되었지만, 한편으로 이러한 것들이 종종 '본성인들이 연합해서 외성인을 배척'하는 에스닉 논술의 근거로 확대 해석되고 있다. 이러한 생각이야말로 외성인의 약세 에스닉 의식의 핵심요인이다.

신당은 1994년의 시장선거에서 승리하지는 못했지만, 선거유세과정을 통해 그 후의 다른 선거에서 선전하는 기초를 확립하였으며, 나아가 1990년대에 제 3당(국민당, 민진당에 이어)의 지위를 확립하였다.[3] 신당운동이 두각을 나타낼 수 있게 된 중요한, 그러나 당초 의도하지 않았던 결과는 외성인의 약세 에스닉 의식의 구축이었던 것이다.

정치권력 외에 지난날 외성인들의 사회문화 면에서의 우세는 1980년대 중반 이후 대만사회 내 걷잡을 수 없는 불길 같은 본토문화 부활의 파노라마 속에서 점차 사라져 갔다. 이러한 시류에 편승하여 대만역사, 문화, 인물, 향토, 지리에 관한 출판물들이 우후죽순 출현하였다. 특히 1990년대 이후 대만연구의 학술작품과 대중서적의 출판수량은 더욱 급속도로 성장하였다. 이러한 추세는 〈그림 7-1〉을 통해 일목요연하게 볼 수 있다.

---

3) 王甫昌(1998), "臺灣族群政治的 形成與表現 : 1994年 臺北市選擧結果之分析", 海老先生 學術基金會 主編, 《民主, 轉形? 臺灣現象》, 臺北 : 桂冠圖書公司, pp. 143~232.

〈그림 7-1〉 대만도서출판량, 대만연구서적, 대만사 석사논문의 시간별 추세도 (1955~1998)

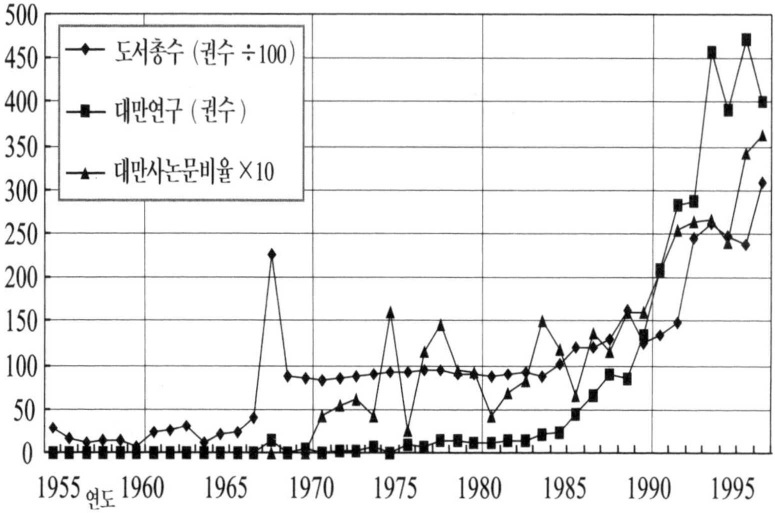

지난날 중화문화, 중화민족의 정체성이라는 그늘에서 국가에 의해 의도적으로 억압되고 폄훼되었던 이들 본토문화는 이제 문화시장의 총아가 되었다. 그리고 민남어, 객가어, 원주민 언어 또한 전례 없는 권장과 보호를 받게 되었다. 이들이 대중 전파매체에 등장하였을 뿐만 아니라 또한 '향토교재', '모어교육'의 형식으로 공공교육의 장으로 진입하게 되었다.

보다 중요한 것은 본토문화 회생과정에서 대만역사도 재해석되었다는 점이다. 이 중 특히 논란을 불러일으킨 것은 50년간의 일본에 의한 식민통치의 역사적 지위에 대한 정립이다. 과거 국민정부는 민족주의 이념의 주도하에 일본의 식민통치와 관련하여 줄곧 부정적인 면만 강조(예를 들면, 대만민중의 항일사건, 혹은 황민화(皇民化) 교육의 '독소') 하거나 통째로 말살하고자 하였다. 그러나 본토문화의 열기 속에서 사람들은 비교적 긍정적인 태도로 일본식민통치가 오늘의 대만 사회에 미친 영향을 되돌아보고 평가하였다. 항일전쟁 경험이 있는 외성인 또는 어려서부터 어른들로부터 항일에 관한 이야기를 들어온 외성인 2세는 본성인(민남인, 객가인과 원주민)이 일본 식민통치를 중요한 역사로 기억하는 행위를 쉽게 받아들일 수 없었다. 1997년 6월에서 7월간 중학교 1학년《대만을 알자》(認識臺灣) 교과서 채택이 불러일으킨 논란 중 하나는 신당소속 입법위원과 학자들이 동교과서의 내용이 일본의 식민통치에 대해서 '지나치게 미화하고 찬양하고 있다'라고 지적[4]한 것이다.

그렇기 때문에 이러한 대만 본토문화 찾기 열기 속에서 외성인의 집단적 경험과 역사적 기억은 다소 소홀히 취급된 느낌이었다. 이러한 진전은 외성인으로 하여금 강렬한 사회·문화적인 상대적 박탈감을 느끼게 하였다.

이에 따라 외성인들 스스로가 대만 내에서 약세 에스닉이라는 의식을 가지게 되었으며, 1990년대 초기 신당운동의 동원을 통해 점차 그 틀이 짜였다. 이들이 불공정한 대우를 받는다는 것에는 인구비가 낮고, 토지를 소유하고 있지 않으며, 게다가 본성인의 의구와 배척을 받은 나머지 정치·사회·문화·경제적인 면에서의 상대적 약세(불이익)가 포함되어 있다.

그러나 과거와 다른 점은 1990년대 이후에 나타난 '외성인'(자신을 어떻게 칭하든간에) 에스닉 의식이 모든 '본성인'을 겨냥한 것이 아니며, 그 중 인구비에서 우세한 '민남인'을 자신의 에스닉 집단 논설에서 규정한 주된 적수로 하고 있다는 것이다. 1980년대 대만 '원주민운동'과 '객가 문화운동'이 등장한 것에 충격을 받은 외성인은 객가인

---

4) 王甫昌(2001), "民族想像, 族群意識與歷史: 認識臺灣教科書爭議風波的內容與脈絡分析", 〈臺灣史硏究〉, 제 8권 제 2호, pp. 145~208 참조.

과 원주민의 허약한 에스닉 집단의 지위와 객가인과 민남인 간의 갈등에 주목하게 되었고, 이에 따라 전략적으로 똑같이 허약한 에스닉에 속하는 두 에스닉을 분리시키는 한편, 일부 정치인은 특정주제에 대해서 이들과 연대함으로써 이른바 '복료 쟈르주의'에 항거하였다.

실례로 1997년 《대만을 알자》 교과서 파동 속에 교과서의 예정된 날짜에 발행을 반대한 신당소속 학자 인장이〔尹章義〕는 교과서가 객가인과 원주민의 역사적 기억을 소홀히 취급했다며 교과서의 내용을 비난하였다.

논란파동 중 하조(夏潮) 재단의 왕징핑〔王津平〕은 한발 더 나아가 원주민 장님 시인인 모나넝〔莫那能〕을 앞세워 《대만을 알자》 사회편 주임위원인 두정성〔杜正勝〕의 강연회장에 찾아가 동 교과서에서 원주민을 '번'(番) 으로 호칭하였다고 항의하여 청중들의 치열한 입씨름을 유발하기도 하였다.[5)]

대만 원주민 마을의 사업단은 2000년 5월 20일 민진당 소속 총통당선자인 천수이볜의 취임식에 맞추어 〈원주민족〉(原住民族) 잡지(인쇄판과 인터넷판) 를 발행하여 분명하게 '대만 민남인'을 자신의 운동에서의 도전대상이라고 밝혔다. 이 잡지는 해조기금회의 적지 않은 후원을 받았다.

그 외에도 신당은 1995년 발표한 〈신당정책백서〉(新黨政策白皮書) 의 제 2장 '에스닉 집단과 문화정책' 중에서 '대만 원주민', '대만 객가인' 및 '대만 민남인'의 에스닉 문화권익을 수호하여야 한다고 공개적으로 표명하는 한편, 이들 3개 에스닉의 문화연구원 설치를 촉구하였다.

---

5) 1997년 7월 27일자 〈中國時報〉 보도 참조.

제 8 장

대항적 에스닉 의식에서 '4대 에스닉'에 이르기까지의 논술

이상의 토론을 통해 우리는 과거 대만 내 에스닉 의식의 구축이 거의 예외 없이 분명한 '에스닉 대항'을 목적으로 하고 있었다는 것을 알 수 있다. 그래서 모든 약세 에스닉 의식 속에는 은연중에 하나의 주된 대항상대가 있었다. 또한 그렇기 때문에 에스닉 의식에는 '본성인' 대 '외성인', '원주민' 대 '한인', '객가인' 대 '민남인'과 '신주민'(외성인) 대 '(본성)민남인'의 상대적 대립이 있었다. 이들 상대성의 에스닉 분류는 각기 다른 상황에서 탄생하였으며, 또한 서로 다른 차원에서 상이한 '에스닉'을 겨냥하여 운용되었다. 이들 대항적 에스닉 의식의 상호작용, 특히 본성인과 외성인의 에스닉 의식은 1990년대 일련의 격렬한 충돌을 촉발하였다. 특히 1993년 성, 시장 선거기간 동안 신당과 민진당 지지세력 간의 충돌과 폭력사태(고웅 9·25 사건)는 민진당 지지자들이 신당에 대해 '중국 돼지는 꺼져라!'라는 구호를 외치게 하는 데까지 이르렀다.

이러한 동향은 신당소속 정치인과 많은 외성인 지식인들에게 '본성인이 외성인을 배척'하는 산 증거[1]라고 해석되었으며, 나아가 외성인 공동의 적개심을 불러일으켜 대거 신당을 지지하도록 만들었다. 대북시장 선거기간 동안 신당과 민진당 지지세력 간의 동원과 대립, 에스닉의 정치적 음모와 유언비어〔棄黃保陳〕가 상승효과를 일으킨 나머지 대만사회 내 에스닉 간의 긴장과 불신이 최고조에 달하였다.

이러한 충돌사건과 긴장은 한편으로 각 정당이 해결책을 모색하도록 하였다. 이들은 또한 민진당으로 하여금 대만 독립과 건국목표에 도달하기 위한 수단을 검토하도록 하였다. 과거 민진당은 독립과 건국의 목표달성을 위해 대만 민족주의론을 제시했는데, 이는 '중국 민족주의'에 대항한다는 것만 고려했을 뿐 대만 내부의 상이한 문화 대중집단들간의 역사적 기억의 차이를 간과하였기 때문에, 서로 다른 문화 대중집단에게 민진당은 '복료 쟈르주의'의 색깔을 지니고 있다는 비난을 받았다.

사회내부의 에스닉 충돌은 두말할 나위 없이 새로운 '민족'의 창조와 새로운 국가건설 사업에 불리한 것이다. 이와 관련하여 민진당 중앙상임위는 1995년에 '대화해'와 '대연합정부'의 주장을 내세웠다. 이는 그 당시 곧 있을 제3차 입법위원 선거 후 '3당 중 그 누구도 과반수 의석의 차지가 불가능'하다는 정세에 대비한 노력임에 틀림이 없었으나 다른 한편으로는 대만 내부의 에스닉 대립을 해소하여 새로운 대만민족 정립을 위한 장애물 제거를 위한 것이었다. 민진당 중앙상임위가 제안한 '대화해'안에서는 특히 '에스닉 화해'의 중요성이 강조

---

1) 신당의 대북 시장 입후보자 자오사오캉〔趙少康〕은 1994년 10월 2일에 있었던 제1차 시장선거 입후보자 합동 TV 토론회에서 특별히 이러한 구호와 개인의 느낌을 이야기하면서 '… 여러 해에 걸쳐 본인은 줄곧 대만의 생태환경, 산천과 대지에 관심을 가져왔던바, 이토록 본토 환경에 관심을 갖고 있는 사람을 외성방(外省幇)이라고 부르고 있으며, 고웅 9·25 사건에서는 심지어 "중국돼지는 꺼져라!"라고 한 사람도 있었습니다. 여러분, 우리더러 어디로 가란 말입니까? 실로 수긍하기 어렵습니다'라고 강조하였다(1994년 10월 3일자 각 주요 언론보도 참조).

되었다. 민진당은 또한 신당의 핵심 당직자와 면담하면서 화해분위기를 조성하였다. 이러한 행동은 민진당 내부의 비교적 강경한 대만독립론자들의 불만을 불러일으켰으며, 이들은 민진당을 탈당하여 새로 '건국당'(建國黨)을 창당하였다.

이러한 상황 속에 민진당은 대만사회에 현존하는 각종 에스닉의 재분류 및 통합을 시도하였고 그 결과 이른바 '4대 에스닉'의 주장을 형성하여 새로운 대만인의 민족적 내용으로 삼았다. 이러한 주장은 민남인, 객가인, 원주민 그리고 외성인(신주민)의 '4대 에스닉'을 대만이라는 땅덩어리 위의 상이한 역사적 기억과 문화를 가진 공동체로 삼고 있다. 한편, 대만의 일반대중들은 1980년대 이래 문화적으로 이질적인 에스닉을 인정해야 한다는 소용돌이를 겪은 후에야 비로소 대만 내 '다원적 에스닉'의 병존이라는 현실을 받아들이고 점차 에스닉 관계의 나아갈 방향에 대해서 동화나 융합이라는 극과 극의 선택에서 벗어나게 되었다. '4대 에스닉'의 주장은 에스닉 분류의 측면에서도 에스닉간의 상대적 대응과 전통적인 '에스닉 의식'적 사고방식에서 비교적 벗어날 수 있도록 하였다.

그러나 대만사회 내 에스닉간의 긴장은 여전히 약화된 것 같지 않다. 정치권력구조와 장차 대만이 나아갈 방향이 점차 본토화됨에 따라 상이한 '민족 상상'의 대항은 대만사회에서 정치와 사회 논쟁의 핵심이 되었다. 한편, 대항상태에 있는 중국 민족주의와 대만 민족주의는 각각 상이한 에스닉 상상을 발전의 기초로 한 것이기 때문에 은연중에 에스닉 분류를 명목으로 한 충돌을 촉발하였다. 1994년 대북 시장선거중에 나타난 에스닉 투표에 관한 소문〔'황 후보를 버리고 천 후보를 지킨다'(棄黃保陳)는 설〕은 언론매체와 정치인들의 조작으로 인해 '본성인이 단합해서 외성인을 배제'한다는 증거로 변질되었다.

이와 유사한 '버리고 지킨다'〔棄保〕는 논리는 그 후 선거에서도 끊임없이 나타났다. 예를 들면, 1996년 총통선거시 '펑밍민〔彭明敏〕을 버리고 리덩후이를 지키자'〔棄彭保李〕는 설, 2000년 총통선거 때 또한 '롄잔〔連戰〕을 버리고 천수이볜을 지키자'〔棄連保陳〕는 설 등이다. 물론, 민중의 투표행위 방식으로 보아서 이러한 에스닉 음모론의 소문은 경험적인 증거에 의해 뒷받침되지 않았지만, 선거결과는 낙선한 측〔외성인, 예를 들면 천루안〔陳履安〕, 하오보춘〔郝柏村〕과 쑹추위〔宋楚瑜〕의 지지세력〕으로 하여금, 자신이 수적으로 우세한 본성인의 배척을 받았다고 생각하도록 하였다.

이와 반대로, 천수이볜을 대북시장 연임선거에서 성공하지 못하게 하기 위해 대북시 외성인 민중들(특히 신당지지자)은 1998년 대북 시장선거에서 '왕지엔쉬엔〔王建煊〕을 버리고 마잉주〔馬英九〕를 지키자'〔棄王保馬〕는 방식으로 투표하는 것도 서슴지 않았다. 천수이볜이 뜻밖에 많은 표차로 낙선하고, 게다가 선거 후에 언론매체들은 즉각 출구조사를 공표하여 외성인 유권자의 약 80%가 마잉주에 투표하였고, 신당의 외성인 지지자들은 더욱 분명하게 '왕지엔쉬엔을 버리고 마잉주를 지키자'(棄王保馬)의 방식을 지켰다고 밝혔다. 약 80%가신

〈표 8-1〉 〈연합만보〉가 공개한 1998년 대북 시장선거 유권자 투표 등 여론조사 결과

(단위 : %)

	마잉주	천수이볜	왕지엔이
민남인	44	44	2
객가인	61	22	2
외성인	76	7	6
국민당	88	7	1
민진당	11	87	1
신당	77	3	14
기타	47	30	2

출처: 〈聯合晩報〉 1998년 12월 6일, 제1판 (유효표본 1483명).

당에서 공천한 왕지엔쉬엔을 포기하고 마잉주를 지지(〈표 8-1〉 참조)[2] 함으로써 천수이벤의 연임을 저지시켰다.

이러한 결과는 본성인 민중의 강력한 반발을 불러일으켜 이른바 에스닉 연합이라는 것이 단순히 수직으로 우세한 본성인 유권자로 하여금 외성인 후보자(마잉주)를 받아들일 수 있게 한 것뿐이라고 생각하게 만들었다. 그러나 절대 다수의 외성인 유권자들은 누가 뭐라 해도 본성인의 입후보자인 천수이벤의 시정 만족도가 얼마나 높든지간에 그를 지지하기 어려웠다. 이러한 투표결과와 여기서 얻은 '출신성별 분류'라는 해석은 출신성별 에스닉 의식이 있는 본성인의 외성인에 대한 불신을 더욱 자극하였다.

그러나 이는 단지 부분적인 상황에 불과했다. 제 2차 대북시장 선거가 1년 반이 지난 후 2000년 총통대선에서 그동안 후보자 여론조사에서 선두를 달렸던 쑹추위가 부정부패 사건에 연루되면서 그의 지지도에 상당한 영향을 미쳤고 그 결과 당초 지지도가 낮은 천수이벤이 승리하게 되었다. 이와 같은 최초의 중앙 정권교체 선거결과는 많은 외성계 민중으로 하여금 리덩후이가 쑹추위의 당선을 원하지 않았기 때문에 매표사건과 '리엔잔 버리고 천수이벤을 지키자'는 수법을 이용하여 천수이벤을 도왔다고 생각하도록 하였다.

국민당은 2000년 총통선거에서 집권당의 위치를 상실했고, 더욱이 앞서 리덩후이가 줄곧 신당의 외성계 정치인물과 대중들로부터 반중국 쪽 대만독립 개헌에 있다는 질의를 받아왔기 때문에 통일이나 독립 두 진영간의 대립을 더욱 심화시켰다. 과거에 통일이나 독립에 관한 입장이 정반대인 정치단체들은 총통대선 후에 권력의 부침에 따라 점차적으로 두 개의 대립진영, 즉 통일지향적이면서 중국과 관계를

2) 1998년 12월 6일자, 〈聯合晩報〉, 제 1면; 1998년 12월 14일자, 〈聯合報〉, 제 18면 참조.

유지하자는 '범남'(泛藍) 진영(국민당, 친민당과 신당)과 독립지향적인 '범녹'(泛綠) 진영(민진당과 대만단결연맹)을 형성하게 되었다.

이들 '국가적 정체성'과 '민족 상상'의 대립과 논란은 경험적으로 대만 현재의 '에스닉 상상'의 역사와 문화의 내용과 고도로 중첩되어 있다. 그렇기 때문에 '에스닉 상상'은 민족주의적 대항을 진행하기 위한 가장 손쉬운 정치동원의 수단이 되고 있다. 그 중에서 대립이 진행되고 있는 것은 '본성인'(외성인에 상대적)과 '외성인'(본성 민남인에 상대적)이라는 2개의 중요한 에스닉 상상이다. 양측 모두 다 자신은 특정의 중요한 사회지향점에서 약세 에스닉이라고 생각하고 또한 모두 다 상대방을 우세 에스닉으로 규정하기 때문에 양자 모두 에스닉의 정의를 추구한다는 기치를 높이 들고 있어서 충돌과 대립의 정서를 해소하기 어렵게 하고 있다.

민족상상 충돌 이외의 다른 중요한 에스닉 기반은 자신의 에스닉이 장차 약세자가 될 수도 있다는 우려이다. 본성인(특히 복료인)이 중국과의 통일을 반대하는 이유 중 하나는 인구의 수가 방대하고, 문화적 패권이 강력한 중국문화 체계 속으로 대만문화의 특수성이 매몰될 수 있는 통일이 수반하는 위험 때문이다. 반대로 외성인이 대만의 독립을 반대하는 하나의 유사한 이유로서는 대만의 독립으로 장차 중화문화가 대만사회에서 변방으로 밀려날 위험이 있다는 것이다. 본성인은 통일된 중국 속에서, 외성인은 독립된 대만 내에서 똑같이 정치적으로 소수로 전락할 수 있다. 이것이 아마도 통일이냐 독립이냐 논쟁에서 중요한 문화적 정치적 기초일지도 모른다. 그렇기 때문에 1990년대 중반이후 대만 민족주의의 민족상상이 규정한 '적'이 '국민당'(자국인)에서 '중화인민공화국 정권'(외국인?)으로 변화되었음에도 불구하고, 대만에 있는 중국 민족주의의 민족상상 중의 민족의 적은 아이러니컬하게도 종전의 '공비'(共匪) (외국인?)에서 현재의 '대만 내의 복료 쟈르주의'(자국민)로 변화하였다. 일부 비교적 급진적인 대만 민족주의자는 한발 더 나아가 '대만을 팔아먹는 집단'이라는 용어를 사용하면서 중국 민족주의 상상이 있는 일부 외성인을 몰아세우기도 한다. 이들에게 에스닉 대항의 의미가 무엇인가는 말하지 않아도 자명하다.

그렇기 때문에 에스닉간의 평화공존과 상호존중의 이념은 오래전부터 상이한 정당의 정치인들에 의해 제기되었고, 또한 대만사회의 미래에서 이상적인 에스닉 관계모델의 하나가 되었음에도 불구하고 상이한 민족상상과 에스닉의 밀접한 관련성으로 인하여 에스닉간의 적대감은 민족상상의 충돌에 의해 끊임없이 촉발되고 있다.

그러면서도 이러한 대립 속에서 스스로 인구수 면에서 불리한 위치에 있다고 생각하는 '외성인' 진영은 항쟁할 수 있는 세력을 불리기 위해 똑같이 약세지위에 처해 있는 '원주민'과 '객가인'을 끌어들여 '민남인'의 '언어문화적 쟈르주의'에 대항하는 한편, 대만 내에는 이제 출신성에 따른 에스닉 문제가 더 이상 존재하지 않으므로 과거의 출신성에 의한 갈등의 응어리를 부추겨서는 안 된다고 강조함으로써 '본성인 에스닉 의식'의 확산정도를 완화시키려고 하였다. 이로 인해 나타난 결과는 대만 내에서 명백히 에스닉의 이름으로 정치적 동원이나 충돌이 나타나지는 않지만, 에스닉 충돌의 그림자는 종종 상이한 에스닉 상상의 역사적, 문화적 그리고 사회적 미래의 나아갈 방향에 관한 논쟁 속에서 의견이 다른 정치인이 상대방을 '에스닉 의식을 부추긴다', '출신성별 정서를 자극한다'라고 상호 비난하는 가운데 아슬아슬하게 보이는 등 사라지지 않고 있으며, 때로는 점차 심화되기도 하고 있는 것이다.

논쟁에 가담하는 쌍방이 스스로를 '에스닉'으로 인정하느냐의 여부와 관계없이 상이한 '에스닉 상상'과 상이한 '약세 에스닉 논술'(예컨대, '본성인이 외성인을 배척한다' 혹은 '제아무리 본성인이 노력을 해도 외성인은 무조건 거부하고 있다'는 주장) 간에 충돌이 발생했다 하면 곧바로 에스닉 충돌이라는 사후 결과를 낳게 되었다.

이러한 상황에서 '4대 에스닉'론이 추구하는 에스닉간의 상호 화해와 상호 존중의 이상은 상이한 에스닉 상상간의 이론적 논쟁과 충돌이라는 현실을 완전히 가라앉히는 데에는 역부족이었다. 그 주된 원인을 고찰해 볼 때, 이는 역사적 계기가 교묘하게 맞아 떨어진 상황에서 각기 상이한 '에스닉 상상'이 상호 대립적인 '민족 상상'(민족주의)이 되어 자기 나름의 논리적 기반을 구축하였다는 데에 기인하고 있다. 즉, 대만의 '민족 상상' 충돌이 계속되는 한, 에스닉 상상의 충돌을 피해갈 수는 없을 것이다.

제 9 장

결 론

이 책에서 필자는 '에스닉 집단'이 아닌 '에스닉 상상'의 개념으로 현재 대만 내의 에스닉 논쟁을 이해하고자 했다. 에스닉 상상의 특성은 '현대'와 '전통'의 특성을 동시에 지니고 있다. 족군(族群) 상상의 '현대적' 특성은 이러한 공동체 집단분류 상상에서 사전에 설정한 공동체간의 관계로 표출되고 있으며, '현대 국가의 공민권'을 전제로 하여 모든 에스닉, 특히 약세 에스닉 집단을 대등하게 대우하라고 요구하고 있다. 이들의 '전통적' 특성은 곧 이러한 상상이 통상 '공통의 선조', '동일한 곳에서부터 이주' 또는 '공통된 문화'를 강조하는 주장으로 에스닉 집단을 경계로 하면서 나의 에스닉과 너의 에스닉을 구분하는 기준으로 삼고 있다.

일반적인 에스닉 운동가들이 한결같이 오늘날 에스닉 집단의 특성과 경계가 모두 다 과거의 역사와 문화에 의해 결정된 것이라고 강조하고 있지만, 이 책에서는 사실상 현대인들이 집단간의 대등한 대우가 필요하다는 요청에 따라 운동가들이 과거를 되돌아보면서 역사와 문화적 특성의 공통점을 찾아 에스닉을 규정지은 것이라고 지적하고 있다. 다시 말해서, 현재의 분류와 에스닉 운동의 필요성이 '과거의 역사와 문화'에 대한 해독과 해석하는 방식을 결정함으로써, 우리 에스닉 운동의 '현재의 처지'와 '미래의 목표'가 어떠해야 한다는 식의 에스닉 논리를 정립한 것이다.

1. 에스닉 구축은 임의로 왜곡하거나 날조한 것이 아니라 에스닉에 대한 체계적인 논리를 제시한 것이다

이상과 같은 서술은 결코 운동가들이 전적으로 문화와 역사를 왜곡하거나 이를 날조했다는 등 자의로 어떠한 형식의 에스닉 정체성을 구축하였다는 말이 아니다. 에스닉 운동가들이 에스닉 정체성을 구축하고 에스닉이 처한 상황에 대해 정의내리는 데에 당연히 기존의 역사적 사실과 문화적 소재로부터 제약받게 되기 때문에 완전히 날조되거나 가공된 것은 있을 수 없다. 이 책에서 에스닉 운동가들이 에스닉 정체성과 의식을 구축하는 관점을 강조한 것은 독자들로 하여금 운동가들이 에스닉 의식에 대한 논리를 세울 때에 완전히 기존의 역사에 얽매여 수동적이 되는 것이 아니라 특정논리의 전개를 위해서 부분적인 역사적 사실을 선별적으로 부각하거나 무시할 수 있는 상당 정도의 능동성이 있다는 것을 환기시키려는 데 있다.

독립적인 역사적 사실과 문화적 소재의 객관적인 존재는 그 자체와 관련하여 논의할 수 있는 공간은 그리 크지 않다. 그러나 수많은 상이한 역사적 사실과 문화적 소재와 관련하여 이를 어떠한 방식으로 편집하여 하나의 간단명료하고 일관된 역사적 해석의 관점을 구성하여 '우리 집단'의 현재적 처지를 설명하고 장차 어떻게 나가야 한다고 밝히느냐에 대해서는 상당한 토론의 여지가 있다. 이 점이 곧 에스닉 운동가들이 능력껏 확보할 수 있는 공간이 되고 있다. 에스닉 운동가들이 확립한 것은 개별적인 '(역사적) 사실'이 아니라, 이들 역사적 사실을 바탕으로 하여 발전된 에스닉의 과거의 역사, 현재의 처지와 앞으로의 목표를 망라한 '완벽한 에스닉 논리'로서 이 책의 〈그림 2-1〉에서 밝혔던 바와 같다. 이러한 이야기들은 통상 '과거의 공통성'이 아닌 '눈앞의 분류의 필요성'에 따라 논리를 조직한다는 원칙 — 이것이 곧 '구축' — 을 보여준다.

2. 왜 에스닉 상상의 충돌은 쉽게 해결되지도 않고, 격정으로만 가득 차있는가?

우리가 에스닉 운동가들의 '에스닉 논리'에서의 구축성, 능동성, 현대성을 강조하는 것은 이를 통해서 활동세력이 이른바 '역사'를 바탕으로 탄생시킨 에스닉의 정체성과 사명의 신성감이란 사실상으로는 허구(신화)에 불과하다는 점을 밝히려는 데 있다. 그리고 운동가들의 '역사적 사실'에 대한 논란이란, 사실상 쉽게 해결될 수 없는 것이다. 그러므로 이는 완전히 틀렸거나 날조된 역사적 사실(이러한 상황은 흔치 않다)이 아닌 이상 동일한 역사적 사실이라도 통상 상이한 역사적 해석의 관점을 지지할 수 있으며, 그 차이란 선별적으로 특정 역사적 사실을 강조하거나 망각해 버림으로써 하나의 단순명료한 사관을 뒷받침하는 것이다. 이에 따라 진정으로 논란을 불러일으키고 있는 것은 통상 현재의 '역사적 관점'(예컨대, '대만인은 중국인이 아니다')이지 과거의 '역사적 사실'(예컨대, '중국은 어느 시기부터 대만에 관청을 설치하여 유효한 통치를 실시하였는가?')이 아니다. 이러한 논쟁은 어떠한 입장을 취하느냐의 문제이며, 사실의 문제가 아니기 때문에 서로 다른 의견을 갖고 있는 상대방을 설득하기란 쉽지 않다.

더욱 중요한 것은 에스닉 운동가들이 에스닉 역사에 대한 토론을 할 때에는 에스닉 문화와 역사에 대해 신성한 지위를 가정하고 있기 때문에, 타협을 원하지 않을 뿐더러 나아가서는 의견이 다른 자들을 억압하려는 목적으로 이러한 논쟁을 상당히 격정적인 것으로 만들곤 한다.

3. 에스닉 상상의 적극적인 사회적 기능

현대의 상이한 '에스닉 상상'으로 인하여 일어난 논란과 충돌이 사람들의 주목을 받는 점은 바로 쉽게 타협이 안 되는 격정의 특성이다. 만약 이들 과거사에 대한 논쟁(에스닉 상상의 '전통적 지향')이 현재 처지에 대한 불만과 미래의 이상적인 에스닉 관계에 대한 기대(에스닉 상상의 '현대적 지향')라는 것을 깨달을 수 있다면 우리는 '에스닉 상상' 충돌 가운데 쉽게 타협하지 못하는 격정적인 특성을 극복하여 '에스닉 상상'의 긍정적인 특징을 볼 수 있게 될 것이다.

'에스닉 상상'의 전통적 특성은 출신배경이 아니라 개인의 성취를 강조하는 현대사회에서도 '에스닉 정체성'이 개인들에게 일정 정도의 신비성과 강력한 사회적 결집의 잠재력을 발휘하게 한다. 그렇기 때문에 약세자에게 에스닉 정체성은 그들이 불공정한 대우를 받고 있다고 느낄 때 하나로 뭉쳐 집단의 힘으로 공통된 처지를 개선하는 동원수단이다. 그 밖에 에스닉 정체성의 사회적 결집잠재력은 사회적 약세집단(또는 부류)에게 보다 효과적인 사회적 운동수단이 되고, 또한 상대적으로 약세 문화집단이 사회정의를 확보하게 하는 중요한 기제가 된다. 이는 현대사회에서 에스닉 상상이 가지는 긍정적인 특징이다.

4. 에스닉 상상은 단순히 에스닉 운동의 결과인가?

이 책에서는 대만 에스닉 상상의 출현과 그 후의 발전방식은 거의 대부분 특정 에스닉운동과 관련이 있다고 강조하고 있다. 이러한 주장은 더구나 이 책이 가공성을 강조하고 있기 때문에 '에스닉 상상은 전적으로 에스닉운동의 결과'라든가 '에스닉 분류의식은 운동가(정치인)가 획책해낸 것'이라는 오해를 낳을 수도 있다. 이는 보다 큰 문제와 결부되는데, 에스닉 상상은 단순히 에스닉운동의 구축의 결과인가 하는 점이 그것이다. 혹자는 에스닉운동이 없었더라면 에스닉 상상도 없었을까 라고 묻는다. 에스닉운동은 에스닉 사회의 변화를 가져온 역량으로, 이의 출현에는 여러 가지 문화적, 사회적, 정치적 환경 여건의 뒷받침이 있어야만 한다. 이러한 여건은 통상적으로 운동가들이 창조해낼 수 있는 것이 아니다.

근대의 다양한 에스닉 사회에서 이러한 여건이 형성되려면 내부의 상이한 군중집단이 승계한 문화 외에도, 권력이 있는 집단이 자신들의 필요나 이익에 따라 사회구조를 만들어 내야 한다. 운동가들은 다만 이들의 사회구조와 문화적 여건의 제약 속에서 과거와 다른 에스닉 논리의 틀을 내세워 에스닉 정체성과 약세 에스닉 의식 그리고 에스닉의 집단행동을 북돋는 기초로 삼았던 것이다. 운동가들은 아무런 근거도 없이 특정 범위의 '에스닉 정체성'을 만들어낼 수 없으며, 아무런 근거도 없는 '불평등 인지'를 날조하고 제멋대로 대중들이 에스닉운동에 가담하도록 선동할 수도 없다.

즉, 에스닉 운동이 나타날 수 있었던 사회적, 문화적 조건은 사실상 일상생활의 사회적 접촉 속에서 점진적으로 누적되어 생겨난 것이다. 운동가들은 다만 독립적이고, 흩어져 있으며, 사회적 연관성이 없는 사고(思考) 혹은 불평등 인지를 하나로 통합하는 한편 여건이 허락하는 상황에서 하나의 체계적 논리화를 통해 이들 흩어져 있는 각기 다른 생각들을 취합함으로써 구성원의 정체성과 참여를 유도하였을 뿐이다. 에스닉운동이 출현한 상황에서 구성원의 에스닉 의식의 내용이 일치되기는 쉽다. 또한 운동이 유발한 논쟁으로 사회적 투명성이 높아짐에도 불구하고, 에스닉운동이 없다면 에스닉 상상도 없다는 것을 의미하는 것은 아니다. 에스닉운동이 존재하지 않는 일상생활 속에서 일반인들은 에스닉 상상의 방식으로 자신들의 주변에서 발생한 사물을 이해하고 해석할 수도 있고, 안할 수도 있다. 그러나 일상생활 중에서 상이하게 해석하고 설명할 수 있는 것들은 무척 많으며, 에스닉 상상에 의한 해석방식은 그 중 한 가지일 뿐이다.

에스닉운동의 가장 중요한 기능은 나름대로의 '에스닉 상상'의 인지구도를 구축하고 전파하는 것이며, 이러한 공동체 분류의 사고체계가 보편적으로 받아들여질 수 있는 사고가 되고 나아가 집단행동의 기초가 되었을 때, 운동의 목표를 달성할 수 있게 되며, 바라는 변화를 이룰 수 있다. 이러한 상황에서 운동은 다음 번 도전의 기회와 필요성이 나타날 때가지 점차 가라앉을 수도 있다.

이처럼 에스닉운동이란 에스닉의 변천에 시동을 걸고 이루어지도록 하는 기제이며, 이로 인해 창출된 정체성, 인지체계는 거꾸로 애초에 운동을 가능하게 했던 사회와 문화적 구조와 여건에 영향을 미치게 된다. 에스닉운동이 있기 전의 에스닉 상상이란 아마도 사회의 장차 나아갈 방향을 결정짓는 수많은 사고체계중의 하나이거나 중요하지 않은 것이었을 수도 있다. 일단 에스닉운동이 출현하고 난 후에는 '에스닉 상상'이 사회에서 가장 중요한 공동체 분류의 하나가 되었으며, 특정한 사물에 대해서는 가장 중요한 것이 되기도 하였다.

종합해서 말하자면, 우리가 좋든 싫든 간에 '에스닉 상상'이 현대사회에 출현한 것, 그것이 발휘한 영향력만큼은 부인하지 못하는 사실이다. 이것의 출현과 흥행은 나름대로 현대의 사회적 기초와 기능을 포함하고 있는 것인 만큼 무작정 이것의 존재를 부정하거나 이것이 수반하는 격정과 충돌이라는 부정적 결과를 비난하는 것보다는 이것의 발생원인에 대한 이해에 노력을 기울이는 것이 나을 것이다.

에스닉 의식의 형성을 에스닉 운동가들에 의한 에스닉 상상의 결과로 분석할 때 우리는 운동세력들이 비교적 강조하였던 에스닉 의식의 '내용'에 대한 논쟁에서 벗어나 운동이 탄생하게 된 에스닉 상호관계의 '사회적 맥락'을 들여다볼 수 있다.

전자는 우리가 에스닉 의식의 형성을 연구할 때, 줄곧 에스닉의 '과거'만을 보도록 하여, 에스닉의 '현재' 혹은 '미래'를 간과하도록 한다. 만약에 에스닉 의식의 구축이 '깊은 잠에 빠져 있다'거나 '애초에 있었던' 에스닉 정체성을 환기시키려는 것이 아니라 하나의 '참신한 것' 혹은 '단 한 번도 진정으로 존재해 본 적이 없던' 분류방식을 창출하려는 데에 있다는 것을 깨달을 수 있을 때, 우리는 에스닉 문화나 역사적 내용의 변론(이러한 변론은 통상 결론이 나올 수 없다)에서 누가 옳고 누가 그르냐를 뛰어넘어 진정으로 '이러한 사고방식(에스닉 의식)이 어떻게 지금 시점에서 나타나게 되었는가? 이것이 이루고자 하는 현재의 목적은 무엇인가?'라는 문제와 맞설 수 있는 가능성을 지니게 될 것이다. 또한 이렇게 해야만 우리 사회가 비로소 에스닉 의식의 형성이 대변하는 사회적 경고 속에서 성장과 개선을 할 수 있고, 겉보기에 영원토록 끝이 보이지 않으며, 언제라도 누군가에 의해 재발될 수 있는, 그렇기에 모든 사람들이 에스닉 대립이라는 늪에서 빠져 헤어 나오지 못하게 되는 상황을 모면할 수 있을 것이다.

추천 참고도서 목록

1. 입문서

Marger, Martin N. (2000), *Race and Ethnic Relations: American and Global Perspectives*, Belmont, CA: Wadsworth/Thomson Learning.

Hutchinson, John, and Anthony Smith (eds.) (1996), *Ethnicity*, Oxford: Oxford University Press.

Guibernau, Montseerrat, and John Rex (eds.) (1997), *the Ethnicity Reader: Nationalism, Multiculturalism and Migration*, Cambridge: Polity Press.

2. 대만 에스닉관계 연구 참고문헌

■ 서 적

張茂桂 等 著(1993), 《族群關係與國家認同》, 臺北 : 業强.

黃宣範(1993), 《言語, 社會與族群意識 — 臺灣言語社會學的研究》, 臺北 : 文鶴.

謝世忠(1987), 《認同的汗名 : 臺灣原住民的族群變動》, 臺北 : 自立晚報.

徐正光 主編(1991), 《徘徊的族群與現實之間 : 客家社會與文化》, 臺北 : 正中.

______(2001a), 《歷史與社會經濟 : 第四屆國際客家學研討會論文集》, 臺北 : 中央研究員民族學研究所.

______(2001b), 《聚落, 宗族與族群關係 : 第四屆國際客家學研討會論文集》, 臺北 : 中央研究員民族學研究所.

______(2001c), 《宗教, 言語與音樂 : 第四屆國際客家學研討會論文集》, 臺北 : 中央研究員民族學研究所.

臺灣客家公共事物協會 主編(1991), 《新个客家人》, 臺北 : 臺原.
羅香林(1933), 《客家研究導論》, 臺北 :南天(1992년 重印).
若林正丈(1989), 《轉型期的臺灣 —'脫內戰化'的政治》, 臺北 : 故鄉.
賴澤涵, 馬若孟, 魏萼著, 羅珞珈 譯(1993), 《悲劇性的開端 : 臺灣二二八事件》, 臺北 : 時報.
趙 剛(1998), 《告別妬恨 : 民主危機與出路的探索》, 臺北 :臺北社會研究叢刊.
趙彥寧(2001), 《戴著草帽到處流行 : 性/別, 國家, 權力》, 臺北 : 巨流.
柯志明(2001), 《番頭家 : 淸代臺灣族群政治與熟蕃之權》, 臺北 : 中央研究院社會學研究所.
中國論壇社('中國結'與 '臺灣結'硏討會論文專輯), 〈中國論壇〉, 289期 (25卷1期), 1987年 10月 10日.
《臺灣政治學刊》(1996), 創刊號 臺灣族群政治專題.
〈歷史月刊〉(1998), 〈封面主題 : 社會變遷下的臺灣族群關係〉, 131期 (12月5日).
《臺灣社會學》(2002), 第 四期, ('族群與社會'專題).
施正鋒 主編(1997), 《族群政治與政策》, 臺北 : 前衛.
潘英海, 詹素娟 主編(1995), 《平鋪研究論文集》, 臺北 : 中央研究院臺灣史研究所籌備處.
劉益昌, 潘英海 主編(1998), 《平鋪族族群的區域研究論文集》, 南投 :臺灣省文獻委員會.
詹素娟, 潘英海 主編(2001), 《平鋪族群與臺灣歷史文化論文集》, 臺北 : 中央研究員臺灣史研究所籌備處.
Chen, Chung-min, Ying-chang Chuang and Shu-min Huang(eds.)(1994), *Ethnicity in Taiwan : Social, Historical, and Cultural Perspectives*, Nankang, Taipei : Institute of Ethnology, Academia Sinica.
Hsiau, A-chin(2000), *Contemporary Taiwanese Cultural Nationalism*, London : Routledge.
Corcuff, Stéphane(2002), *Memories of the Future: National Identity Issues and the Search for a New Taiwan*, Armonk, N. Y. : M. E. Sharpe.

▪논문

王甫昌(1994a), "光復後臺灣漢人族群通婚的原因與形式初探", 〈中央研究院民族學研究所集刊〉, 76期 43~96.

______(1994b), "族群同化與動員： 臺灣民衆政黨支持之分析", 〈中央研究院民族學研究所集刊〉, 77期 1~34.

______(1997a), "臺灣民主政治與族群政治的衝突", 游盈隆 主編, 《民主的鞏固或崩壞： 臺灣二十一世紀的挑戰》, pp. 143~232, 臺北： 月旦.

______(1997b), "族群意識, 民族主義與政黨支持： 一九九O年代臺灣的族群政治", 〈臺灣社會學研究〉, 第 二期, pp. 1~45.

______(1998), "臺灣族群政治的形成與表現： 一九九四年臺北市選舉結果之分析", 段海光先生學術基金會主編, 《民主轉形?臺灣現象》, pp. 143~232, 臺北： 桂冠.

______(2001a), "民族想像, 族群意識與歷史：'認識臺灣'教科書爭議風波的內容與脈絡分析", 〈臺灣史研究〉, 第 八卷 第 二期, pp. 145~208.

______(2001b), "臺灣族群通婚與" 劉兆桂, 尹寶珊, 李明堃, 黃紹倫 主編, 《社會轉形與文化變貌： 華人社會的比較》, pp. 393~43, 香港： 中文大學亞太研究所.

______(2002), "第八章： 臺灣的族群關係研究", 王振寰 主編, 《臺灣社會》, pp. 233~274, 臺北： 巨流.

吳乃德(1993), "國家認同與政黨支持： 臺灣政黨競爭的社會基礎", 〈中央研究院民族學研究所集刊〉, 74： 33~61.

______(1994), "社會分枝與政黨競爭：解釋國民黨爲何斷續執政", 〈中央研究院民族學研究所集刊〉, 78： 101~130.

______(1998), "國家認同與民主鞏固： 衝突, 共生與解決" 游盈隆 主編 《民主的鞏固或崩壞： 臺灣二十一世紀的挑戰》, pp. 15~30. 臺北： 月旦.

張茂桂(1994), "臺灣的族群, 階級以及察覺不平等", 劉兆桂 等編, 《發展與不平等: 大陸與臺灣之社會階層與流動》, 香港：中文大學亞太研究所.

______(1999), "第八章種族與群關係", pp. 239~279, 王振寰, 瞿海源主編, 《社會學與臺灣社會》, 臺北： 巨流.

蕭阿勤(1999), "1980年代以來臺灣文化民族主義的發展： 以 '臺灣(民族)文學'爲主的分析", 〈臺灣社會學研究〉, 3期, pp. 1~51.

______(2000), "民族主義與臺灣一九七O年代的 '鄉土文學'： 一個文化(集體)記憶變遷的探討", 〈臺灣史研究〉, 6卷 2期 pp. 77~138, 臺灣史研究.

______(2002), "抗日集體記憶的民族化： 臺灣一九七O年代的戰後世代與一據時機臺灣新文學", 〈臺灣史研究〉, 9卷 1期, pp. 181~239.

______(2003), "認同, 敘事, 與行動: 臺灣1970年代黨外的歷史建構", 〈臺灣社會學〉, 第 5期, pp. 195~250.

孫大川(1995a), "行政空間與族群認同: 以臺灣原住民爲例", 中央研究院民族學研究所, '文化政治與歷史重建研討會' 論文.

______(1995b), "夾縫中的族群建構: 泛原住民意識與臺灣族群問題的互動", 蕭新煌主編, 《警告中華民國》, 臺北: 日臻.

______(1997), "一個新的族群空間的建構: 臺灣泛原住民意識的形成與發展", 游盈隆 編《民主鞏固或崩壞 — 臺灣二十一世紀的挑戰》, 臺北:月旦.

夷將, 拔路兒(1994), "臺灣原住民運動發展路線之初步探討", 〈山海文化雙月刊〉, 第 4期: 22~38.

高德義(1991), "與黃氏戰鬪: 原住民運動初探", 〈山地文化〉, 第 21期: 3.

黃應貴(1999), "戰後臺灣人類學對於臺灣南道民族研究的回顧與前望", pp. 59~90, 徐正光 黃應貴 主編, 《人類學在臺灣的發展: 回顧與前望編》, 臺北: 中央研究院民族學研究所.

許木柱(1989), "臺灣原住民族的族群認同運動: 心理文化研究途經的初步探討" 徐正光, 宋文里 編, 《臺灣新興社會運動》, pp. 127~156, 臺北: 巨流.

______(1991), "弱勢族群問題", 楊國樞 葉啓政 編《臺灣的社會問題》, pp. 399~428, 臺北: 巨流.

搏仰止(1994a), "臺灣東部的族群位階特色", 〈臺大社會學刊〉, 23:143~190.

______(1994b), "臺灣原住民困境的歸仁解釋: 比較漢人與原住民觀點", 〈中央研究院民族學研究所集刊〉, 77: 35~87.

______(1995), "人口比例與族群意象: 東部原漢關係的結構與社會心理基礎", 〈臺灣社會學刊〉, 20: 125~161.

林美用(1990), "族群關係與文化分立", 〈中央研究院民族學研究所集刊〉 69期: 93~106.

胡臺麗(1990), "芉仔與番薯 — 臺灣 '榮民'的族群關係與認同", 〈中央研究院民族學研究所集刊〉, 69期: 107~132.

許達然(1995), "鬪爭和清朝臺灣社會", 〈臺灣社會研究季刊〉, 23期: 1~81.

■ 잡 지

〈中國論壇〉(1982), "封面主題 : 正視地域觀念", 156期, 13卷 12期, 3月 25日.

〈遠見雜誌〉(1987), "封面主題 : 省籍是問題?", 13期, 1987年 7月 1日.

______(1996), "封面主題 : 族群和解, 臺灣改造", 121期, 1996年 6月 15日.

〈財訊 雜誌〉(1996), "封面主題 : 四大族群浮生錄", 168期, 1996年 3月 1日.

______(2000), "封面主題 : 臺灣人與中國人", 219 期, 2000年 6月 1日.

______(2003), "封面主題 : 統獨, 族群, 選票", 260 期, 2003年 11月 1日.

찾아보기

(용 어)

ㄱ · ㄴ

ㅅ·ㅇ

기타

찾아보기

(인 명)

ㄱ · ㄷ

ㄹ · ㅁ

ㅂ · ㅅ

ㅇ · ㅈ

ㅊ · ㅋ

ㅌ · ㅍ · ㅎ

저 · 역자 약력

저자 **왕푸칭**(王甫昌)

대만 중흥대학(中興大學) 사회학과 졸업

미국 애리조나 대학(University of Arizona) 사회학 석사, 박사

국립정치대학(國立政治大學) 사회학과 겸임교수

현재 국립대만대학(國立臺灣大學) 사회학과 겸임교수

중앙연구원 사회학연구소 연구원

주요 연구영역

대만의 에스닉 관계, 사회운동, 민족주의

전후 대만의 에스닉 관계 중 출신성 구분의 기원과 발전

대만내 '에스닉' 개념의 생성과 발전

역자 **지은주**(池恩周)

이화여대 정치외교학과 졸업

고려대학교 대학원 정치학 박사

국립대만대학(國立臺灣大學) 방문연구원

미국 듀크대학교(Duke University) 방문연구원

현재 고려대학교 평화연구소 연구교수

주요 저술

"민주화 이후 대만의 독립문제와 정당체제의 재편성"(2007)

"Independence Issues and National Identities in Taiwan"(2007)

"중국 공산당 제17차 당대회와 양안관계"(2008)

"동북아시아 공동체를 위한 지역정체성과 민족주의"(2008) 등